刘振金/刘振全 著

人在深圳 ②

圳街头随机采访，听普通人说心里话

深圳报业集团出版社

自序

刘振金

倾听是一种力量

2014年8月，我拿起相机开拍@人在深圳，至今两年半，我和我的助手已经拍了1600多人。深圳近两千万人，我们凭一己之力，已经拍了其中的万分之一，一座城市的万分之一。当然，我们还会继续拍下去。

常有读者问我："那么多陌生人把心里话讲给你听，你有什么特别的技巧？你一定有什么高明的话术吧？"这是一个最大的误解，让不少想拍"人在XX"的同好误入歧途。@人在深圳之所以能存在，并不是我有多聪明，多会说话，多么高明，而是因为倾诉是人的一种欲望和本能，人是需要倾诉的，也是需要被倾听的，而我，恰巧扮演了那个倾听的人。

拍@人在深圳的同时，我也在兼任@人在纽约的小编，和@人在世界各地的博主。通过我的体会和观察，我觉得这也是所有"人在XX"系列能存在的原因。

当一个人发现你在认真地听，就像磁石在吸引铁石，他就会把心里话向你娓娓道来。当然，你是在用你的真诚交换人家的信任，你不光要认真地听，也要关切地问，善意地提醒，平等地分享，忠实地记录和传播。别人对你的信任，往往意味着你对别人的责任。但归根结底，别忘了，这一切始于一场倾听。

在街头随机采访陌生人，我常常碰到这样的时刻：有时候我们聊得很投缘，一聊就会聊很久，而我又有任务在身，不得不结束谈话时，你会发现对方有一种怅然若失的表情，言犹未尽，意犹未尽。所以我常常有这样一种感触：肯陪在我们身边，用心倾听的人，其实并不多。

更有些话，你不会讲给父母听，怕他们担心；不会讲给爱人听，怕他失望；不会讲给朋友听，怕他误解；反倒是面对一个陌生人，你会无所顾忌，畅所欲言。有些话轻易不说，却往往是一个人内心最柔软的部分。

每个人身边都需要一个倾听的人。倾听是心与心的相互碰撞、人与人的相互温暖。

倾诉是一种欲望，而倾听是一种力量，多少美好的事正由此开始。

刘振金

2017年2月24日

1

认真地听，关切地问，善意地提醒，平等地分享……

“2005年我就来深圳了，前九年还可以，近两年糟透了，我也不知道为啥。像这一片，他们说过去两年每年房租涨15%。三年前我的房租还是每月3000元，现在呢，5000元，就这还算便宜的！真是疯了，已经很贵了好不好！我的女房东人很好，她说虽然周围每年涨15%，但给我她少涨点，只涨5%，但迟早还是得跟着涨上去。深圳不错，是个国际化、独特的城市，也是世界上最年轻、最精彩的城市，但它就像伦敦、巴黎、纽约、旧金山、西雅图，只会越来越贵。”

2016.10.16，学府路

“你做过的最正确的决定？”

“出国留学。我本科毕业出国读硕，在美国四年。它打开了我的很多思路和想法，看人、看世界、看不同的文化，改变了我的整个观念。如果没有这段经历，我不会是现在的自己。”

2016.10.16，双创周

“我在杭州上的大学，那时我姨一家也在杭州，我上大一时，我姨生了我小表弟。大学四年，几乎每个周末我都会去我姨家，我是看着小表弟从出生到会爬，再到蹒跚学步、牙牙学语。他小时候洗澡什么的我都会参与，平时我还给他拍很多视频，他每个生日，我都会剪个小短片给他做生日礼。我是独生子女，小表弟就像我的亲弟弟，能陪着他长大，在他的成长记忆里有我，这是一段特别的经历，也是我最美好的回忆。”

2016. 10. 16，南山文体中心

2015.09.23，八卦岭

“你做过的最正确的决定？”

“生下我女儿。去年我女朋友意外怀孕，当时我们刚大学毕业，恋爱没多久，家长还不是很同意我们在一起，更别说结婚了。可我一心想要这个孩子，一再坚持，家长才同意我们结婚、把孩子生下来。有了女儿以后，我不玩网游了，现在只想着多拉点客户，多给女儿赚些奶粉钱。”

2016.06.21，西乡港隆城

“高三我谈了个男朋友，是我的一个同学。刚开始他人挺好的，没想到后来他很变态很爱走极端，老怀疑我出轨，总想掌控我。我提出分手，他扇了我一耳光，还说他写好遗书要去跳楼。我很害怕，叫上朋友找到他，让他不要做傻事，结果有一次他还掐住我脖子，威胁我不要跟他分手。一想到跟他在一起的恐怖场景，我坚决跟他分了。现在一想到他我心里还有阴影。以后交朋友谈恋爱，我一定要擦亮眼睛！”

“今年高考数学好难啊！有些考题看着挺简单，可题型我都没见过。有道几何题，我看都看不懂，快把我写哭了。从考场一出来我就给我妈打电话，边打边哭，在校门口我又抱着她哭，哭了一个小时才止住。本来我数学挺好的，还指望它能给我拉高分呢，结果却变成了拖分。我怕我是上不了二本A了！”

2016.09.01，罗湖东门

“我是香港人。小学六年级时爸妈离婚了，我和弟弟妹妹跟着妈妈生活。可我妈妈只是一个家庭妇女，没有在外面工作过。为了不成为妈妈的负担，也为了不让妈妈压力太大，1986年我小学没毕业就出来工作了。一开始我只能养活自己，后来慢慢可以帮到家里，再后来我还资助弟弟到外国留学……”

“小小年纪就出社会，我打过黑工，送过快递，做过文员，当过服装厂学徒，老板看我人不错，就又派我到深圳来跟单。90年代我还在香港很多演唱会做过现场录像师，你们唱的卡拉OK，好多歌都有我拍的。我还跟朋友开过网吧，最多时七家店，都是我自己装修、布线和组装电脑。我还开过咖啡厅，做过销售员，还做过珠宝生意。四年前我又回到深圳，加入了现在这家服装公司，从设计到零售，我们都自己做。虽然我读书不多，但我从来都不认为这是个问题。也许正是因为读书不多，才让我没有了那些框架的约束，碰到问题，即使别人告诉我答案，我也会刨根问底问个为什么。我觉得读书只是对知识的认知，关键是你能不能在实践中学习。”

2016. 02. 04，华侨城生态广场

“‘中国人吃老鼠、吃狗肉、吃各种奇奇怪怪的东东。’巴拉圭人民这样跟我说。但我发现他们大错特错，这儿好吃的简直太多啦！然后，我以为中国就像电影里演得那样：漂亮的小房子、少林和尚、长城……我都不知道地图上还有像深圳这样赞的城市！”

“我去哪儿都是光着脚，已经不穿鞋很多年了。不光不穿鞋，衣服我也是尽量少穿。你看这几天气温只有几度，我也只穿这一两件。这样对身体健康有好处，对体质是一种锻炼。”

“我兄弟姐妹6个，已经去了3个。我今年81，还有一个哥哥和一个姐姐，哥哥今年89，姐姐今年93。”

2016. 01. 25，蛇口招商局广场

2015.08.11，罗湖莲塘

“我在深圳补了16年鞋，我用赚来的钱供两个孩子读完了大学，还在老家盖了房子，接着孩子结婚……现在我已经当上爷爷了！”

2015.11.07，深圳湾公园

“你克服过的最大的困难？”

“我大学时家里经济特别困难，我申请了助学贷款，但也只能解决部分学费。从大二开始，一到周末我就出去找活儿干。我在哈尔滨上的大学，冬天外面零下二三十度，能把人冻僵，但我在街上一站就是几个小时。我扫过雪，发过传单……我靠自己打工挣的钱读完了大学。”

2015.06.13，金光华广场

“我正打算向她求婚！”

“TA做过的最让你感动的事？”
“我们相恋一年来，他知道我喜欢看电影，每周都陪我看一场，几乎从没落过。”
“她知道我工作忙很辛苦，每周都给我煲两次汤，大老远给我送到公司来。”

“你最希望TA为你做什么？”
“带我去旅行！到现在我俩还没出去旅游过呢！”
“嫁给我！”

2015.06.14，深圳北站

“从小父母就把我留在老家跟爷爷奶奶一起生活。每年春节，父母回不来，我就在几个亲戚家轮着过。20年来，我跟父母在一起只过了三个春节。”

“我父亲在福州一个工厂里已做到主管，想让我去他那儿上班，可我没去，我就想靠自己。我自己打工挣的钱，自己找的对象，自己把老家的房子装修好，自己出钱结的婚。以前我挺恨父母的，直到自己成了家有了孩子，我才开始慢慢理解他们。可跟他们之间还是会有隔阂，在一起生活很不习惯，也没有什么话可说。他们有时说我，我还会抵触，总觉得小时候他们都没管我，现在管我干什么？”

2015.06.14，深圳北站

“她在广州工作，我来深圳实习，周末她来看我，现在送她回去。还有二十分钟就要发车了，可我们还有点依依不舍……”

“TA做过的最让你感动的事？”
“她周末不休息，专程从广州来看我。我刚找好房子，还没安顿好，她不放心，坚持要过来，就为了看我一眼。”
“每次我累的时候，他都会给我按摩。还有，我希望他能一直在我身边，不要离开我！”

2015.06.19，连城新天地

“我谈了个外省的男朋友。你知道广东的女孩子一般不喜欢外嫁，而且从小父母就希望我们姐妹都能嫁到本地，以后方便互相照应。我姐回家时也曾试探着帮我问过，但父母都不太同意。所以我一直在纠结，不知道该怎么跟他们说才好。我怕父母一听我要嫁到很远的地方去，会伤心。”

2015.06.21，后瑞地铁站

“我一直想去趟西藏。想象中的西藏很特别，虽然仍是国内，但跟其他地方应该是完全不一样的异域风情。不过我还没想这么快就去。我一直觉得自己心理上还没做好准备，我的人生阅历还不够丰富，害怕现在就去那么圣洁的地方，心灵上还得不到太多的收获。我想先把这个想法埋在心底，等再经历一些事情以后再去。”

“我大哥在老家当民办教师。去年暑假，他骑摩托车去家访。雨天路滑，出门没多远摔倒了，当场昏迷，不省人事。后来做了开颅手术也不行，一直昏迷不醒。一个多月前，还是走了。他教了40年书，老老实实，兢兢业业，一辈子没享过福。连来深圳看看我顺带旅游一下都不肯来，我出钱都不行，舍不得花钱。不到60岁，说没就没了。”

“他是70年代的大学生。本来可以调到更好的工作岗位，他没去。他怕自己一离开，老家的孩子没人管。本来国家有政策，符合条件的民办教师可以转公办。教育局找他，问他要红本还是要绿本，要红本就是公办教师，但要交几万块钱。他做了一辈子的民办教师，就那点工资，哪来那么多钱啊？！”

2015. 06. 22，深圳北站

2015. 06. 22，深圳北站

“嘿！你这个可以征婚么？正好我还没男朋友呢！”

“我是旅行社的领队，过来接个团，内地来的港澳旅行团。他们的车马上就到了。他们是我来这家公司后接待的第一批客人。旅游行业竞争激烈啊，这次我得服务好他们，以后才好长期合作。他们是一家公司组织的员工游，负责人正好是位女士。你想啊，迎接一位远道而来的女士，最好的见面礼就是鲜花。”

2015.06.28，南头古城

“我这个月初刚刚大学毕业，一毕业我就来了深圳，进了一所高中当语文老师。我教的那些学生跟我差不多是同一代人，我就像他们的大姐姐一样，我们之间沟通很好，在一起也玩得特别开心。别看他们就比我小几岁，很多人思想比我还成熟还开放，上课时我都感觉有点hold不住他们呢。”

“我上了四年大学，就去过一次图书馆，而且在里面待了不到五分钟就出来了。图书馆太安静了，我怕坐那儿一看书就睡着，那样会影响别人。我不喜欢看书，一看书就犯困，我喜欢玩！”

2015.07.01，商报东路

“我6月份刚刚大学毕业，一毕业就跟同学来了深圳。这是我们的第一份工作，在街头发楼盘广告。公司什么都不包，吃住要自己解决。现在干了还不到半个月，就有几个同学扛不住压力，集体辞职回老家了。现在只剩下我和另外一个。我家经济条件差，给不了我什么支持，我只能靠自己。我想留在深圳继续打拼。”

“我们是群众演员，今天刚收工。我们倒不在乎一天多少钱，反正退休在家没啥事，就想出来体验一下拍戏。今天来之前还跟我们说拍室内戏，来了却是拍室外戏。我们这些老人家，哪能跟他们年轻人比？这么热的天，净在外面待着，从早上6点一直拍到现在，十几个小时啊！身体还真有点吃不消！”

2015.07.04，卓越世纪中心

“莲花山公园我每个月都去。到那儿相亲的，女方的条件一般都是‘三高’，高素质、高学历、高收入，对男方的要求也高，至少要在深圳有房。其实我的要求倒不高，年龄相当，孝敬老人，能在一起过日子的就行。可我连着去了两三年了，也没找到合适的对象。”

2015. 07. 05，皇庭广场

2015.07.07，宝城广场

“九年前我刚到深圳，手机、钱包就被偷光了。我两天没吃东西，晚上睡公园。第三天夜里下雨，又湿又冷，我就到ATM机机房里去睡。有位大哥进来取钱，问了我的情况，非要给我一百块钱，让我先找个旅社住，他再给我买回家的车票……那是我最落魄的时候，但也是感觉最温暖的时候，这世上还是好人多！”

“当时那位大哥那么热心，我也很不好意思，就只拿了那一百块钱，然后他就走了，连个电话都没留。我拿着那一百块钱，也舍不得多花，花了10块钱在网吧过了一夜，第二天就找到一家工厂，开始在深圳打工。现在来深圳十来年了，这里已经成为我的第二故乡，但始终还是忘不了当初帮助过我的那位大哥。”

2016.10.16，南新天桥

“等你回头看，你会发现读书时其实是最轻松的，回忆也是最美好的。小学、初中、高中课业再紧张，家人、朋友也都在身边，你离幸福很近。而真正的快乐都是很平凡的，就像现在，你所有的努力不就是想跟家人再重新在一起么？而且那时候你要做的就只是学习，只要每天能学到新东西，你就觉得心里很踏实。你努力学习，感觉梦想触手可及，未来你会怎样怎样，会成为一个有用的人，可以发挥你的能力，实现你的价值。你对未来还有憧憬，每天是抱着梦想睡觉的。但长大之后，进入工作，走上社会，也就是你的梦醒时分。你发现你很平凡，跟绝大多数人一样，是一个很普通的人，做着很普通的工作。而且越长大你就越清醒，你会被生活的压力压得特别现实，因为没有物质基础，就很难谈精神追求。你发现你的生活只有眼前的苟且，不会去关心诗和远方的田野。”

2016. 10. 31，深职院

“讲一件你最近碰到的有趣的事？”
“我们家有个微信群，我爸爸才用微信不久，最近经常在群里发一些很好笑的动漫，就是那种表情包，只有我们现在的年轻人才会发的。我觉得我爸爸好可爱，不错，学会了与时俱进！”

“高中时住得离学校很近，我每天走路上学，都会经过外婆家。外婆家门口有棵大树，外公在世时种下的，每天我都能看到外婆在门口扫落叶什么的。外婆待我很亲很亲，每次我跑过去都会叫外婆，外婆就会停下来慈爱地看着我。高中三年，那是我每天经历的场景。外婆去世后，那样的场景只能变成了回忆。”

“我有些后悔来深圳。那时候在老家，有个很好的工作机会，我没能把握住，后来勉强来了深圳。一转眼来深圳快八年了，这儿已经是我的第二故乡。但跟在老家的同学比，我觉得自己发展得并不比他们好。”

2015.07.15，大冲

“中考我跟重点高中差了五分，高考我跟一本差了六分。”

2015. 07. 15，大冲

“冰雪成灾那年，老家湖北下了很大的雪，天气特别冷，衣服洗了很难晾干。我帮妈妈烤衣服时，一不小心把衣服烧了个洞，然后弟弟主动帮我揽了下来，跟妈妈说是他弄的，妈妈听了什么也没说，一笑了之。当时我心想，如果妈妈知道是我，肯定又会骂我一顿。我心里一边感激弟弟，一边却又特别难过。”

“大学毕业后，我一直很迷茫，始终找不到自己的方向，不知道自己到底喜欢干什么、适合什么样的工作。我都工作几年了，可是还没找到那种觉得特别适合自己的工作。我不知道是不是很多人都有跟我一样的困惑。我还在寻找我的人生方向……”

2015.07.24，深圳书城

“你最纠结的事？”

“要不要借钱给朋友？以前我借过钱给一个朋友，说好的到时候还钱，他不仅没还，见了我连提都不提，好像什么事都没发生过，我又不好意思开口跟他要，结果他到现在也没还我。现在又有一个朋友跟我借钱，不借吧，我心里过意不去，借吧，我又怕以后伤了和气。你说我该借不该借？”

2015.07.25，宝能太古城

“中英文化的差异，让你印象最深的？”

“那年英国推行同性婚姻法案，有天我跟寄宿家庭的英国老太太在客厅看电视，电视里一些教会激烈反对，老太太义愤填膺，对着那些教会的人狂骂，说他们陈腐守旧，干涉婚姻自由。我问她：如果您女儿是同性恋呢？她说：我会毫不犹豫，全力支持！我听了泪流满面……”

“我初中毕业就出国留学了，在英国念的高中和大学。那时候有些留学生在英国当地雇了代理人，去的时候还有父母陪同，到了英国，代理人帮他们打理事情，父母就带着他们到处玩。而我是一个人去的英国，当时我还是个孩子，一个人坐飞机，自己办入学手续，自己查那些留学政策，甚至房子漏水都要自己修……”

2015.07.30，南山文体中心

“我今年16岁，上完初二就出来打工了。我觉得我不是读书的料儿。”

2015. 08. 02，福田交通枢纽

2015.07.30，南山图书馆

“到了这个年龄，我做的还是一份普通的工作，也没有属于自己的一番事业。一想到这些，一想到自己和家庭的未来，我总感觉无穷无尽的压力。其实2006年我就有了创业的想法，可是一直没找到合适的机会，这个问题已经困扰了我快十年，也是我现在考虑最多的：到底要不要去创业？”

“说到创业，首先得找到风口，选一个好行业或好项目；其次要跟自己的兴趣、专长相结合；第三要找到有共同梦想的一拨人，大家齐心协力去做这件事。除了这三点，就是启动资金的问题。其实如果风口好、项目好，资金倒并不是最大的问题，最难的是找到一拨志同道合的人。”

“你最伤心的事？”

“两年前同我男朋友分手。我们谈了一年，感情挺好的，可他是外省人，我父母不同意我嫁那么远，我们潮汕地区的观念是女不外嫁。明知道迟早要分手，长痛不如短痛，我只好狠心同他分手。当时我哭了好几个晚上，现在想起来还会默默流泪。他是我的初恋，也是我至今唯一的一次恋爱。”

2015. 08. 02，福田交通枢纽

“我不喜欢人多嘈杂的地方，我喜
一个人待着。有时候我会一个人坐
铁，随便坐到一个站，然后下车，
出去，找个安静的地方坐下来，一
人静静地待着，看看路人，玩玩手
就像现在这样，我就觉得挺开心的，
没人打扰，清净自在……”

2015.08.02，福田交通枢纽

2016.10.31，深职院

“很多人打工久了，生活、思维都被束缚住了，失去了那种敢于冒险的勇气。我不想打工，我想创业，用自己的创意和设计给自己开拓一片天地。现在的大学生活还比较自由，我怕的是毕业以后要面对的那些东西，成家立业、工作压力。我怕被它们束缚住，被困在那个圈子里出也出不去。”

“最担心自己将来变成什么样子？”

“打工，整天装孙子，如果上司不理解不信任，就不会重用你。而你有现实的压力，要看上司的脸色、看客户的脸色，经常低头哈腰、低声下气。”

“做设计和做艺术是不一样的，设计是给大家做的，而艺术是为了自己。人家说艺术要和商业挂钩，才能继续下去。可我又不想那么商业，我想把我的艺术追求和我的设计结合在一起，做小众的、个性张扬的东西。但我又很担心它不被大家认可和接受，走到一个死胡同里。这是我想了蛮久、很苦恼的一个问题。我也不知道我能不能坚持住，如果到时候真的会碰壁。但我有自己的信仰，我觉得我应该不会放弃。”

“这是我养的宠物猪，养了六年了，每天都要带它出来遛一遛。拍它的人可多了，拿出手机就拍，有些还拍我，连人带猪一块拍，也不问我行不行。你要拍就拍吧，但别拍我。拍猪可以，拍人不行！”

“它警觉得很，有点风吹草动，立即就往后退缩，生怕打到自己。它还认人，见到熟人，会‘嗷嗷’打招呼，特别是看到我老公和我女儿，老远就会‘嗷嗷嗷’撒了欢儿地冲过去……”

2015.08.04，深圳科学馆

2015.08.17，新华保险大厦

"第一年高考我刚过二本线，当时我一冲动，决定不读了，出来闯荡。然后我就来了深圳，在华强北卖了两个月电脑。那时我工资不高，每个月挣的钱差不多都交了房租，过得很艰难。父母又一直催我回去，我就回去又复读了一年，第二年考上了一本。那两个月卖电脑的经历让我知道：不上大学出来混有多难！"

2015.08.17，益田假日广场

“我跑了一天，太累了，你就这样给我拍吧！”

2015.08.19，南山科技园

“我刚刚参加完一个面试。之前我在广州一所民办学校当老师，收入低，压力大，我刚辞了职，想换个收入高点的工作。家里人都觉得我就适合当老师，我也很纠结，但我决定挑战一下自己，我想转行做销售。不尝试一下怎么知道自己最适合做哪行呢？！”

“发了工资，给家里寄钱的时候，我最开心！我工资不高，父母也从来不跟我要，而且每次给他们钱时，他们都让我自己留着用。可我觉得不管他们要不要，都应该给他们。孝敬父母，天经地义！”

2016. 10. 31，深职院

“我喜欢做手工，这是我做的一个台灯，花了五个晚上，手上烫了七个泡。我觉得它是有灵性的，我要送给我最心爱的人，只有她才配得上它。我在等她，她马上就来了。今天她拍毕业照，我特地赶来送给她作为毕业礼物。”

“之前我有做过一个鹅卵石茶几，有一块鹅卵石很漂亮，我不小心把它揣在口袋里带回了福建老家。然后它就跟着我在老家走，后来我才发现它，又把它带回了深圳。我觉得它是有灵性的，所以才会跟我跑那么远回去老家，出现在我的生活圈子里。因为有那样一段经历，我就觉得它是一块神奇的石头。”

2015. 08. 22，深圳湾体育中心

“我在深圳工作五年了，在这儿发展得还行。可我是独生子女，我父母总想让我回到他们身边，但我的职业性质又决定了我在老家很难找到适合的工作。如果回去的话，可能要换行，一切就得从头再来。走，还是留？这是一个问题。”

2015.08.25，卓越世纪中心

“2009年初我得过一场大病，高烧42度，昏迷了一周，差点烧死。等我清醒过来才知道，跟我同病房的其他四个人都死了，只有我一个人抢救了过来。当时整个那一层楼住的病人，都跟我的症状差不多，可医院只跟我们说是伤寒或重感冒。现在我头发这么少，就是那场病留下的后遗症。”

“后来我专门查了有关资料，我爸也向其他医院认识的医生求证过，他们根据我当时的症状和医院对我的治疗方法，基本可以确定我得的就是当时流行的禽流感。”

2015.08.25，怡景中心城

“刚刚有个女的，她说她刚从上海过来，去广州找朋友，可钱包被偷了，让我借钱给她。我想过她可能是骗子，可又一想，万一她不是呢，那我不就可以帮到她了吗？看她那么真诚，我就给了她一百块钱。可刚才听我朋友在电话里一说，我才知道上了当。”

“本来我想考高中，可我妈说女孩子做幼师挺好的，让我考幼师。那时候我觉得小孩子好烦，还挺不情愿。上了两年后，因为常去幼儿园实习，跟孩子们接触多了，感情越来越深，我开始离不开他们，这才喜欢上幼师。现在在幼儿园天天跟孩子们在一起，就像跟天使在一起一样，我特别开心！”

2016. 11. 14，园博园

“可能他喜欢的是婚前的那个我：好强、独当一面、不给他任何压力，婚后我变得很小女人，他就很失望，生女儿以后，他出轨，我们离了。他跟我结婚的目的也不纯，不是单纯地喜欢我爱我，而是总想在经济上依赖我，婚后我还出钱给他买过一辆车。从认识到结婚、生孩子、离婚，我跟他前后就两年，我总觉得他能看得透我，而我却始终看不透他。”

“我想去上大学，高考考得也不错，可我是家里老大，下面还有两个弟弟，他们也在读书，我去上大学的话，爸妈的经济压力就太大了。现在我已经工作三年了，每个月发了工资，除了自己的生活开销，其余的都寄给家里了。”

2015. 09. 09，大剧院

2015. 09. 04，华侨城创意文化园

“叔叔，叔叔，来拍我……你什么时候能把照片发给我？我明天早上起床要看。”

2015.09.15，八卦岭

“俺就一个儿子，在工厂拉货。以前俺跟儿子一起住，儿媳妇老给俺脸色看，俺受不了那个气，搬出来自己住。现在儿子也不管俺了。他把老家的房子也卖了，俺现在想回都回不去了……俺不回去了，俺今年71，还能活几年？等啥都干不动了，俺就在深圳等死吧！”

“俺村里就有一家，爹把儿子告了，法院调解，儿子说得挺好，说‘爹，我想通了，走吧，回去好好孝敬你’，完了拉他爹回去，走到半路，把板车往路边沟里一豁，说他爹‘你再回去告去吧！’……俺不是没想过去告他，可俺也活不了几年了，就这一个儿子，俺不想跟他结仇啊！”

2015.09.15，八卦岭

“你做过的最正确的决定？”

“2012年买房，当时手头资金并不宽裕，我们硬着头皮跟朋友借钱付了首付，把房子买了下来。第二年深圳的房价就开始猛涨。要是那时没买房，我们这辈子都不知道还能不能在深圳买房！”

“你目前最大的烦恼？”

“前不久我把房子又卖了，想换一套。5月份付了订金签了合同，6月底业主就反悔，加价10万。最后加了3万，勉强谈妥。可这都9月了，她也不打个照面，一直拖拖拖……而我的房子已经卖了，现在我们一家只能租房住。这个业主是个香港人，神龙见首不见尾，要找她还得给她手机充话费，才能打通联系上……”

2015.09.23，罗湖人才市场

“我现在的处境就很艰难。我是东莞本地人，也一直在东莞。现在东莞工厂倒闭的倒闭、外迁的外迁，东莞越来越没人气、越来越萧条。几个月前，我决定来深圳闯一闯。我做了一段时间的救生员，结果天凉了，泳池关了。现在我正在找工作，面试了几个，都嫌我年龄大，做个保安都要30岁以下。”

“你犯过的最大的错误？”

“该结婚时没结婚，现在想结婚却又不好找了。那时候年轻，觉得婚姻是一种束缚，结果白白错过了很多好姻缘。近两年，我越来越觉得应该有个家。如果我结了婚，有了孩子，情况就会大不一样，我会稳定下来，不会像现在这样还在外面漂着。”

2015.10.08，海岸城

“那时候我还在青岛，有一年大年三十，在街上碰到一个男的打一个女的，我一看火冒三丈，二话没说，上去一脚就把那男的踹翻在地，他爬起来就跑，我拔腿就追，然后就听那女的喊‘别打了，他是我老公！’然后突然就冒出来他的一帮朋友，上来一顿拳脚，又把我打倒在地……那年我在医院里过的大年初一！”

2015.10.14，会展中心

“你最大的心愿？”

“我想存钱把老家的房子翻新一下。我家现在住的还是一栋旧房子，而且房子地势太低，一到下大雨，水就往屋里灌，我早就想把地基抬高点。我爸十几年前因病去世，我妈在厂里打工，我下面还有一个妹妹和一个弟弟，我妹还在读大学，我弟在家养病。我想在嫁人之前帮家里再多做点事！”

“那时我们在一起快两年，感情很好。她想结婚，可我不想那么早结婚，我觉得我还没做好承担家庭重担的心理准备，也怨我当时不够成熟。她对我非常失望，一气之下，离我而去。在她之后，我又谈过两个女朋友，但都不理想，我始终觉得她才是最对的那个人。可我现在想结婚了，她却早已嫁给了别人……”

2015.10.21，深国投广场

“我今天就是来这儿发呆的……”

2015.10.18，园博园

2015.11.06，时代金融中心

“对你影响最大的人？”

“我爸。以前我爸在广州开公司，两年前在街上突然被一伙人拿刀砍伤，抢救了几个月，才算保住命。以前我爸是老板，很有霸气，现在他记忆力很差，腿有残疾，但他非要出来打工，做那种最普通的工作。他说的不多，他用行动教育了我。”

“我昨天晚上刚到。我回北方老家工作了半年多，现在又回来了。老家的工资低，还不到我在深圳工作的一半，天气又冷，生活节奏也太慢，太悠闲了，像在养老一样，我怕那样下去我会越来越懒。我在深圳七八年，早就习惯了这儿的一切，回去已经不习惯了。”

“我们在一起几年，有天他突然说要回趟老家，回去没几天，他就说不回深圳了，相亲看上个女孩子，还是个富二代，想跟人家结婚。我当时还算沉着冷静，我让他回来，当面做个了断。等他一回来，我二话没说，上去‘啪啪啪’抽了他几个耳光……这都过去快四年了，我早就准备迎接新的感情。”

2015.10.22，益田假日广场

2015.10.28，罗湖商业城

“谁是对你影响最大的人？”

“我现在的合作伙伴。他是我原来在酒店上班时的同事，在思想上、投资理念上，对我的影响都很大。辞职创业就是他带我出来的，我们俩还一起投资买车买房。我觉得在外面打拼跟对人很重要，俗话说得好：跟着千万赚百万，跟着乞丐去要饭。”

“你做过的最正确的决定？”

“在深圳买车买房。去年10月份我买了两部车，刚上好牌，深圳就限牌了，运气特好。而且我买车是往外出租的，限牌以后租车生意更红火了。再就是买房，以前我很反对借钱买房，后来我想通了，几个月前，我自己的钱，又跟朋友借了点，付了首付，在深圳买了套房。我觉得这也将是一笔不错的投资。”

“刚来深圳的时候，我想着在这儿待两三年就回老家，这都八年了，我还是没回去。但我觉得我迟早都是要回去的。人家都说‘四十岁退休’，我希望我也能那样，到时候把房子一卖，立马变土豪，然后回老家。”

“我刚退休，今天专门来这儿晒晒太阳。以前都在忙工作、忙生活、忙家庭、忙孩子，没时间精力去仔细想一些问题。现在不用再赶时间，不再有那么多不得已的事要去面对，也没有太多精神上的羁绊，生活变得更自如了，也终于能静下心来思考了。我很在意自己精神上的感受，现在才是我有生以来最好的状态！”

2016.11.20，少年宫

2015.11.08，园博园

“我觉得我一直都不够勇敢，不敢主动去追求一些自己想要的东西。比如工作上有个机会，明明我蛮想要，跟老板争取一下很可能就会给我，可每次我都没敢去争取。再比如感情上，即使遇到我喜欢的男孩，我也总是望而却步，我老是会想：我会不会耽误了人家？”

“我们来自台东，我们是阿美族，张惠妹就是我们那里的！”

2015.11.12，园博园

2015.11.07，深圳湾公园

“他人很踏实，也比较传统，而我比较独立，事业心也强，他说他感觉越来越hold不住我。我们恋爱七年，最后还是分手了。我本来在老家自己开公司，可是在那样一个县城，我又大龄未婚，我妈整天给我张罗对象，邻居们也说三道四。2013年元旦，我干脆放弃老家的一切，只身来了深圳。”

“刚来深圳的时候，我跟我太太虽然一无所有，一穷二白，但我们为了梦想而共同努力，对未来的生活充满了美好的憧憬和向往。现在十几年过去了，当初的梦想一个个都实现了，可那种美好的感觉却再也体会不到了。”

2015.11.17，华侨城

2015.11.19，华侨城创意文化园

“‘吃一堑，长一智’，你的类似经历？”

“这句话对我根本不适用。我没少犯错，也挺善于剖析自己，每次都知道自己哪里错了，可我自律性太差，犯了错也很难改正。我就是‘好了伤疤忘了疼’。”

“我离家比较早，从上初中就开始住校读书，然后读高中、大学，又外出工作。从小离开家，离开了家人的陪伴，再加上平时回家也不多，导致我的亲缘关系很淡薄，我总感觉自己是个没家的人。”

“我一直在修行，通过打坐冥想，让心灵成长。最近我的成长停止了，又遇到了瓶颈。这种瓶颈，没有修行的人是体会不到的，没法用语言描述给你。以前我也遇到过，一开始觉得很难，看不到彼岸，但每次突破后，又觉得很简单。就这样循环往复，突破一次，成长一次。现在我正需要一次这样的自我突破。”

“我从小在英国长大，后来又去了美国、韩国和日本，四年前才来到中国。其实只要我愿意，就可以过上很好的生活，比如嫁给一个有钱人，或者去做同传——我精通五种语言，很容易就能找到一份同传的工作，报酬也会很可观。可这些都不是我想要的，我选择了一条最难的路——艺术和音乐。”

2015.11.20，星河COCOPARK

2015.11.20，星河COCOPARK

“我追她时，所有人都不看好，只有我一个人坚持。我心想：哪怕你是一块冰，我也要把你融化。上学时，我打了46天暑假工，给她写了46天情书。工作后，我给她买衣服，自己天天穿工作服。我还把我们认识以来见过的18次面，写了一封长信给她。我还跟她妈联系，表达衷心。现在我们结婚五年，孩子四个月大。”

“老是这样在厂里打工也不是个事，我刚把工作辞了。也不知道下一步该干什么，我就坐在这里，看着这些人跟车，看看他们都在做什么。有时候也在商场门口看一下，看看每个人买的是什么东西，看看大家都需要什么，然后我再去做什么。”

“有个大老板，他开宝马，车牌五个8，后来破产了，开个破面包，还挂五个8，过了一两年，他又东山再起，飞黄腾达，原来那五个8，又挂上奔驰了——我在网上看的，你没看么？——刚刚我还在想：为什么他破产后一两年又能开上奔驰？为什么我就没那样的能力？作为一个大老板，他肯定有他的人脉，那我的人脉在哪里？是不是也应该在朋友圈里多沟通沟通、多走动走动？”

2016.11.06，碧头

2015.11.20，深圳证券交易所

“我早就应该来深圳！”

2016.11.06，碧头

“我有什么特别的经历？我8岁我爸妈离婚，我18岁又和我哥撮合我爸妈复婚，这个算不算？”

“我在跟着妈妈做义工。”

2015.11.28，市民中心

2015.11.28，市民中心

“刚来深圳的那两年，人生地不熟，我在这里没同学和朋友，感觉特别孤独。可我又不敢跟家人讲，只好给在别的城市工作的大学同学打电话。那时候，在电话里听到同学的声音，感觉心里暖暖的，觉得自己不再是一个人在这里。”

“刚开始我在一家公司做项目，项目失败，公司让我换岗，工资减半，或者离职走人。老板派了个同事来跟我谈，那个同事和我有分歧，所以他就怀着一种报复的心理来找我。当时看着楼下的人来人往、车水马龙，感觉整个城市都容不下我，眼泪也禁不住流了出来。那是我第一次感受到人与人之间的冷漠。”

2015.11.30，益田假日广场

“我刚来深圳工作。我感觉深圳人与人之间比较冷漠、疏远，不像老家那么热乎、亲近。同事之间除了工作上的事，就很少再聊别的了。这十几天里，我一个人住，一个人上下班，一个人吃饭，一个人逛街，感觉很孤独很寂寞。深圳的天气很温暖，但我心里却很寒冷。”

2015.12.02，蛇口新时代广场

“我是因为我前男友才来的深圳，后来我们分手，他回了老家，我却留了下来。”

“我想找一个自己很喜欢又很匹配的男人，但随着年龄越来越大，我发现这样的男人越来越难找。喜欢你的人，不一定跟你很合拍；你喜欢的人，又不一定喜欢你。可我又是一个宁缺毋滥的人，我宁愿去等，也不想将就自己。”

2015.12.02，蛇口花园城

“我是高龄产妇，一般剖腹产比较安全，但我的身体各方面状况都挺好，我就坚持要自己生。整个过程还算顺利，只是孩子的胎头双顶径大了两三公分，我生了24个小时，才终于生下来。我觉得自己还挺勇敢的！”

2015.12.03，卓越世纪中心

“我来深圳16年了，直到去年才在深圳买房——十年前我就应该在深圳买房！那时候我姨妈在深圳炒房，让我也买一套，她给我付首付，我自己来供。可那时我心想：我一个打工仔，迟早都要回去，在深圳买什么房啊？！结果，一念之间，越来越买不起……”

2015.12.06，荔枝公园

“我们的项目在赶进度，我每天都要加班到半夜一点，快两个月了，这是我第一天休息。”

2015.12.06，荔枝公园

“我想卖掉房子回武汉老家……”

2016.04.05，中心公园

“女儿六岁前，我对她管得太多，结果她很怕生，不敢跟别的小朋友玩。后来我开始放手，比如带她出去，我告诉她可以坐几路车、到哪一站下，然后让她自己决定坐哪一路车、自己买票、听到站广播。我还给她钱，让她自己决定吃什么。这两年她完全变了，进步了很多。教育孩子，我发现放比收管用得多。”

“我约了同学，已经迟到了！”

2016. 12. 18，景田

2015.12.12，佳宁娜广场

“我们在一起五个月，一次旅游，我说既然在一起了，没必要算得那么清楚，你负责订机票和酒店，我负责其他开销，可他坚持要AA制。我们吵了起来，冷战了几天，然后他突然说价值观不同，跟我分手。过了一周，他又想跟我和好，我没答应他，坚决离开了他。要说我做过的最正确的决定，这就是！”

2015.12.11，科技园文化广场

“以前我在老家做过金融，就是期货、现货、原油投资这些，业绩也很好，可后来我觉得太坑人了——你挣了钱，你的客户就会赔钱；客户赚了钱，你就得赔钱。即便你挣了钱，也是‘好挣不好花’，花得不安心。做了半年我就不做了，做那个太昧良心！”

2015.12.12，深圳火车站

“今年5月，有天我喝醉了酒，被一辆车刮倒，撞到了头，颅内淤血，可医生说做不了手术，只能靠我身体自然吸收，如果吸收不好，可能会有生命危险。我每天过得都很难受，经常头疼，疼得睡不着觉，一天最多睡两小时。我怕拖累别人，逼我女朋友跟我分了手。现在我没什么牵挂，就想自己出来走走。我想用三到五年时间把海南岛徒步走一遍。”

“我是个长跑爱好者，常跑马拉松，目前是国家二级运动员水平。我的最好成绩全程马拉松3小时40分55秒，半程1小时40分。我正准备去上海参加崇明岛超级马拉松，100公里全程。我的朋友都说我疯了，但我觉得我能行。关门时间14小时，我应该12个小时能搞定。”

“我常去野外徒步，一走一天，十几个小时不吃东西，只补充水份。本身我的心脏就比较好，以前正常心率49，因为经常越野拉练，再加上跑马拉松，现在已经达到42。”

2015.12.13，沙头角海边

2015.12.17，地王大厦

“我们是经人介绍认识的，认识一年后订的婚。她家是做水果批发的，我就去义务帮忙。为了给她家多赚点钱，有时候开车、上下货都是我一个人干。就这样干了大半年，结果我积劳成疾，累成了腰椎间盘突出。她家怀疑我以前就有这个病，怀疑我故意隐瞒，就解除了我们的婚约。后来她家说给我一万块钱，算是工资，我一分钱没要，直接就走了。我家虽然没她家有钱，但也不是没见过钱，婚都退了，还谈啥钱？！退婚后我特别委屈，开始自暴自弃，也没心情好好干活，用了一年才慢慢走出来。唉，过去我就像个不懂事的孩子。”

2015.12.18，西丽366大街

“有一次跟我朋友一起逛街，我要喝水，他就只给我买了一瓶，没给我朋友买，当时弄得我好尴尬。事后我跟他说，他说给我买理所应当，管不了我朋友那么多。我们在一起一年，每次我问他对我们未来的考虑，他都避而不谈。我感觉他不是我的结婚对象，想跟他提分手，可又不知道该咋说，我怕会伤害他。”

“我儿子十岁，跟我前夫在老家。其实我很想回老家，不喜欢外面的生活，可回去又能去哪儿呢？回我娘家吧，他们觉得‘嫁出去的女儿，泼出去的水’，所以逢年过节我都没地方去。我妈总感觉我一个人在外流浪，想让我找个伴儿。我也想找一个疼我爱我的男人，有个安稳的家。要是能再生个女儿，那该多好！”

2016.01.02，皇庭广场

“2014年我们在越南买了地皮，自己建了工厂，把公司的大部分业务从东莞迁了过去。初到越南，要了解的东西很多，我们付出了很大的努力，2015年工厂才终于走上正轨。那一年我几乎没休息过，过得很累。2015年是我最拼的一年！”

“您目前最大的烦恼？”

“公司的人才不够用。真正的人才会站在老板的角度，创造性地去工作。我很想找到这样的一些人，组成一个执行力特别强的团队，来贯彻公司的发展方针。可是绝大多数员工都还是打工者的心态，非得在老板的安排下才会做事……”

2016.01.04，深圳北站

“当时我来深圳是因为爱情！”

“我是退伍后才来深圳发展的，我当过六年的火箭兵！”

2016.01.08，车公庙

2016.12.18，深交所

“70年代末，文革结束，高考刚恢复，我们是第三届。那时候知识匮乏，基础很差，而你又没有家庭背景，要做出一个决定去考大学，那还是挺不容易的。你得有这个勇气，把书本拾起来，重新学习，付出实实在在的努力。我高一决定考大学，两年后考取了四川财经学院，读经济。那时候青春年少啊，只有读书才有出路。事实证明那个决定是最正确的，因为读书，改变了自己的命运。”

2016.01.11，深圳书城

“我最发愁的事情就是找老婆，现在我连个女朋友都还没有呢！家人给我介绍的都在老家，离得太远，聊起来也没啥感觉，而且她们都想尽快有个结果，让我很为难。在深圳自己找吧，又确实很难找。我找女朋友就是找老婆，我想一次性搞定，找个温暖的人过一辈子！”

2016.01.11，解放路

“我们在一起生活了十几年，一直都没领证，也没举行婚礼，孩子的户口也是上到了我老家。直到2013年转深户，手续必须齐全，我们才回老家办了结婚证。那时候孩子都十几岁了，已经上初中了。我觉得结婚证不过是一张纸，婚礼也只是个形式，有没有都没关系。在一起过得好，这个才最重要！”

2016.01.16，莲花山公园

“当初我要跟男朋友一起来深圳，我父母特别反对。他们觉得没结婚，我就是一个人。他们说我一个女孩子，到一个陌生的环境，一切要从零开始，所有的事情都要靠自己，他们很担心。我也纠结过，但想着有他，还是跟他来了深圳。来深圳两年后，我们分手了，我还是变成了一个人。”

“我一直在想一个问题：怎么样才能让自己过得好？让自己过得更随性一点、精彩一点？”

2016.01.16，莲花山公园

“我们是二十年前的同事，他来了深圳，我还在内地。这次我来深圳出差，正好聚一聚。我们十几年没见面了！”

2016.01.19，南山图书馆

“让您最有成就感的一件事？”

“在深圳立足、扎根，买房买车，有了家庭，有了自己的事业。我现在自己开公司，业务发展得很平稳。虽然不能说自己有多么发达，但是该有的都有了。而且这个过程还算比较轻松，不像别人说的那样：四十岁前拿命换钱，四十岁后拿钱换命。”

“我儿子上小学三年级，我是他们班家委会的会长。每个学期我都组织孩子们参加一两次公益活动，让他们在玩的同时，更早地接触一下社会，学会帮助别人。我还带他们到大梅沙海滩开展过捡垃圾比赛，让孩子们从小就树立环保的理念。大人们身体力行，孩子们才能学有所成。”

2016.12.17，月亮湾公园

“我们生孩子的过程挺不容易的，第一胎流产了，第二胎才有了我女儿。而且生她时也很不容易，又是保胎，又是到医院养胎，生下来还是剖腹产，出生后又在保温箱里待了一周。当时我就感觉人的生命真的很脆弱，就像佛祖说的：人能修成一个人形，就像亿万沙粒中的一颗，看似普通平常，其实殊为不易。我三岁时我父亲就去世了，出了工伤事故，我妈独自把我和我妹拉扯大，又要挣钱养家，又要照顾我们俩，含辛茹苦，很不容易。现在我也有了孩子，从她出生，到陪她成长，我常想：人活着的意义是什么？人一辈子要追求什么？我觉得我们既要快快乐乐地生活，也要传宗接代，薪火相传。简单说：活下来，传下去！”

“从小到大我妈没少打我，我不听话，惹她生气，就是一顿打。而且每次也会把我妹捎上，无缘无故一顿揍。记得有一次下雨，我跟我妹冒雨在外面玩，那儿有个斜坡，我们就把雨鞋当做小船，顺流而下。因为淋雨，回去生病了，我妈先把我们打了一顿，然后又给我治病，给我熬红糖水喝。当然，不管我妈怎么打我，到现在我也不恨她，打我是望子成龙，打我妹是杀鸡儆猴，她是为了我们好，长大以后就都理解了。”

2016.01.21，九方购物中心

“当年考研究生我就是第一名。后来工作，我考过三次公务员，两次省考一次国考，分别考不同的单位，我都是一考就中。全国司法考试，号称第一难考，我也是一次性通过。可是上学时我的学习成绩并不好。所以，最让我有成就感的就是我特别会考试，逢考必过。我是个‘考霸’！”

“我还真没什么困惑，这可能跟我平缓的性格有关。我觉得任何事情，不管好坏，慢慢来，总会有一个结果。曾经看到过这样一句话，我很赞同：人生中很多事情都会有办法解决的，既然都能解决，那还困惑什么呢？”

“我是深二代，刚留学回来。我很热爱深圳，我觉得深圳在国际上知名度太低，外国人知之甚少。我想把深圳元素传播到世界各地，我甚至想拍一部关于深圳的电影，讲几个深圳青年通过努力走向世界，同时也让世界了解深圳，使深圳成为一个世界闻名、人人向往的城市。”

2016. 01. 23，蛇口网谷

2016. 12. 23，皇庭广场

“我在英国读的研，做毕业课题时我们五个人一组，我是组长。两个多月做完后，我们才发现方向错了，90%的工作都要推翻重做。当时离毕业答辩只剩一周，他们四个人都很气馁，觉得根本不可能完成了。但我说无论如何都要完成，我一边给大家打气，一边重新规划路线、制定方案。我们各自分工，每个人完成一步，我都会及时检查，修改调整。那一周我们每天只睡两三个小时，通力协作，废寝忘食，最后不仅完成得很好，而且还成了学院的经典案例。这件事成了我的一个宝贵的经历，工作以后碰到再大的困难我也不怕了，我发现只要我肯用心，努力去做，总能克服困难，得到我想要的结果。”

“一上小学我爸妈就把我送到了寄宿学校，封闭式管理，白天上课，晚上自习，下课已经是晚上10点。公立学校学生都是就近入学，而私立学校同学家都离得很远，周末回去也没人一起玩。我爸妈又忙于生意，有时我一周都未必能见上他们一面。那几年我根本没小伙伴，很孤单。直到上初三，我让爸妈把我转到了公立学校，才开始跟同学一起上下学，才慢慢有了小伙伴。今年我妹妹上小学，我爸妈又想让她去上寄宿学校，我坚决反对，我爸妈担心没人给她补习功课，我说我来。现在哪怕工作再忙，每周我都会抽三个晚上回家给她补习功课。我想让妹妹每天都能感受到家人的关怀和家的温暖，我不想让她那么小就不得不开始独立，我不想让我的经历在她身上重演。”

2016.01.25，海上世界

“原来我在天津工作，公司想在深圳开展业务，可老员工都不愿意来，那时我刚参加工作，公司就把我派了过来。我没想过自己会来深圳，本来也只是出长差，结果在这儿又认识了我女朋友，然后结婚成家，我们就把家安在了深圳。”

2016.02.01，世界之窗地铁站

“他是韩国人，在广州长大。我们俩从小玩到大。直到他回韩国读大学后，我们才决定在一起。我第一次去韩国看他，他开车来接我，不幸路上出了车祸。我见到他时，他躺在医院，昏迷不醒。最后的一刻，我握着他的手，他突然对我说：你要向我保证，你以后会好好的。我答应了他。他松开手，就这样走了。”

“他妈妈说他是因为开车时低头捡戒指才出的车祸，那枚戒指是他准备送给我的订婚礼物。他妈妈要给我，我没拿，让它陪他去了。如果有来生，我希望他看到那枚戒指，还能想起我，还会来找我。”

2

别人对你的信任，往往意味着你对别人的责任……

“我记得很清楚，邓小平追悼会开完的第二天，我来的深圳。”

2016.02.01，世界之窗地铁站

2016.02.03，华强北世纪汇

“一想起来赚钱的事我心里就很压抑，本来我赚的就不多，存下来的更少，明天就要回家过年了，要是爸妈问我今年赚了多少钱，我该如何回答他们呢？”

2016.11.05，东海缤纷天地

“我们大四开始谈的，毕业后我来了深圳，他去了东莞。我是那种大大咧咧、不拘小节的人，但他很细心很体贴，也很包容我。我从不会准备常用药在身边，他就送我一个药箱，里面感冒药、创可贴什么的全都有。特别是有一次我生日，晚上9点他打电话让我出来一下，说他从东莞跑过来了，就在我楼下，我压根儿不相信，就没再理他。到了快12点他又打电话，说再不出来生日就要过去了，他也快被蚊子叮死了。我这才下楼，发现他一直在大门口等着，拎着生日蛋糕，还给我买了一束鲜花和衣服。当时我只是觉得不可思议，没想到我过个生日他会专门从东莞跑过来，也没觉得很感动什么的，可朋友们听了都很感动，我才意识到又是我大大咧咧，其实他为我做得还蛮特别。”

“我家在湖南，他家在福建，我爸妈嫌他家远，就是不同意我跟他在一起。工作后我爸妈老给我介绍对象，让我去相亲，我说我有男朋友了，他们也不听。有次假期，我没打招呼就把他带回去了，我妈一点也不喜欢他，要不是我家在水库中间的一个岛上，当晚我妈就把他扫地出门了。那时我压力特别大，都想要放弃了。他也有点心灰意冷，都想离开我离开广东回福建老家了。可我姐家的小孩很喜欢他，我就借着这个在我妈面前猛夸他，说他人多好多好。我家姐妹四个，爸妈最疼老四，我就把老四也策反了，让她帮我说话。我们还把他爸妈带到我家去玩，让双方父母见面聊天，增进相互了解。我跟我爸妈僵持了一年多，他们终于同意了。2014年我们结的婚，现在正准备要孩子。”

2016.11.14，园博园

“我年纪有点大，站着照相显老，还是蹲下来吧，蹲着感觉精神点！”

“您最大的人生感悟？”

“第一要靠机遇，第二才靠本事。我觉得我只是个普通人，没啥大本事，但机遇很好——我是1969年的工程兵，1983年来深圳搞建设。我们正好赶上国家的改革开放和深圳的大发展，才能在深圳安居乐业，才有了这么好的生活条件和城市环境。我们为子孙后代打下了基础，让他们不再为买房发愁，让他们有了一个好生活和好前景。”

“刚来时条件很艰苦，一到这儿我就后悔。那时候哪有自来水，都是一个团挖一口大井，用铁桶吊水用，吃喝洗澡洗衣服，靠的都是那一口井。住的是四面透风的茅草房，蚊子特别多。很多人受不了，就转业回老家了。后来我们开始盖房子，板房、平房再到楼房，到1985年我就分到一套，楼房。刚开始谁会想到能有后来这 么好，当初走的那些人后来想回也回不来了。当初我也想转业回老家，硬是被几个老乡挡住了，后来证明他们是对的，深圳是变得越来越好了。”

“我们俩从小都是被家人宠着长大的，独立生活能力都不强，结婚组建家庭后出现了很多问题：我性格内向，有点自卑，不太会说话，也不太会处理矛盾。而她性格很外向，做事大大咧咧的，很多次我们产生矛盾，她都踩到了我的雷区，但为了避免冲突，我只好忍着不做声，这让我感到痛苦，也让她觉得难受。在孩子教育方面，我们也常为一些小事吵架甚至冷战，过后我又觉得很没必要，很后悔，但又不知道该怎么哄她，她就会埋怨我不会哄人。不过，经过这五年的磨合，现在我已经好多了，这是她对我的影响和改变，我很感谢她。一年前她开始创业，家里的经济压力都压在了我一个人身上，而且大多数时间都是我在带孩子，有时我就会抱怨。但她还在创业期，每天都很忙，看她那么辛苦，我又很心疼她。我很爱她，希望她也能理解我，希望我们能顺利度过难关，一家人幸福快乐地生活下去。

参与众筹的网友供稿

2016.02.23，海上世界地铁站

“当时我心想：反正我在这里也买不起房，还不如早点回老家。于是我就辞职回去了。回去后我也找过工作，可那些工作不是薪水低，就是看不到什么希望，感觉一眼就能望到头。我在老家待了两个多月，又回来了。我发现我已经有点离不开这里了！”

“以前过年我都是收红包，今年我工作了，终于可以发红包了。我六个表弟表妹，春节我给他们发了一万多块钱的红包。”

2016. 02. 17，竹子林地铁站

“我参加过2008年北京奥运会开幕式，担任运动员入场式的礼仪引导员，多哥队入场时前面举牌的人就是我。”

2016. 02. 19，高新园地铁站

2016.12.18，市民中心

“我最好的一个朋友，她先去的加拿大。她走后半年，我去了新加坡。等我们回来，我发现一年不见，她变了好多。那时我才知道：她走之前有抑郁症，甚至动过轻生的念头。但在加拿大，她的住家，一对夫妇，退休教师，经常像朋友一样跟她聊天，开导她鼓励她，慢慢地改变了她。她在加拿大特别节省，因为住家包吃包住，除了学费，她基本上不花钱。去的时候家人给了她5000加元，一年后回来还剩好多。当时我们才16岁，还在上高中，出了国门，外面的诱惑很多，我在新加坡那半年就有点放任自我。而她，生活、学习态度都变了，变得比我优秀很多。当时我就想：‘为什么她能做到，我却没做到呢？’我就是受她的影响，首先她改变了，然后也改变了我。”

2016.12.18，景田

“现在不是生二胎的高峰期么，在幼儿园他们小朋友们就会相互说，这个说我妈妈快要生了，那个说我有弟弟妹妹了。我们刚怀上老二，她好开心，逢人就说我妈妈也有宝宝了。”

“我们是个体户，平时他比较忙，生了老二应该还是我带，我已经做足了准备带两个孩子。但孩子大多是我在带，她受我的影响太深，性格行为都很像我，而妈妈又不是十全十美的，我不好的地方就会在她身上体现出来。比如我心思比较细腻，她就学得很敏感，在幼儿园会看老师的脸色。如果她能多些时间跟爸爸相处互动，虽然爸爸粗线条些，但她也能学到爸爸开朗的性格。现在的城市生活太压抑了，孩子也有压力，哪像我们小时候，在农村那个自然的环境里，自由放松多快乐。我经常跟她讲我小时候在农村的生活，但可能也只是自己回忆回忆而已，她在现在这个环境里长大，是体会不到过去你那种感受的。”

2016.02.26，深圳湾口岸

“我做过‘水客’，被抓过三次。平时我负责在香港那边理货、配货，分给‘小蚂蚁’们带回来。每天帮我们带货的‘小蚂蚁’有二三十个，最多的时候有七八十个。每天我要负责的事情很多：那边接了多少货、发回来多少、配给谁多少、都是什么货，以及这个人有没有被查过、可靠不可靠、会不会拿到货跑了……”

“这几年，除了周日，我就像一部机器，每天从中午忙到半夜两三点。朋友来深圳找我玩，我没时间陪，结果连朋友都没有了。孩子的穿戴我没买过，作业没辅导过，上学我没接送过一次。我失去了太多生活的乐趣，没时间去海边游泳、去摘草莓、去东湖公园看荷花……我就像卖给了老板，除了钱，什么都没有！”

2016.02.26，深圳湾口岸

“我们三个十几年的好朋友，去年年底开始做一个项目。说好的通力合作、各司其职，可是，我俩干得热火朝天，另一个却没任何动静。我没办法，只好把她那块儿也做了。我想让她表个态，哪怕她说她不做也行，可她就是不表态，给人的感觉就想坐享其成。我很伤心，她这样做伤害了我们这么多年的友情。”

“我能给你拍张照片么？”

“可以啊！以前就有人找过我当模特。当时我在东门逛街，突然有个男的走过来，非常惊讶地对我说：‘美女，你身材这么好，有没有兴趣做服装模特？’可我当时很害怕，怕遇到骗子，没敢理他，赶紧走开了。”

“我们是在网上认识的，在一起两个月。有天在街上碰到他前女友，说有事找他，他就到旁边跟她说话，把我晾在那儿。我觉得既然分手了，就不应该再见面，跟他大吵一架，离开了他。后来他出了事，被判一年，我开始替他着急，还去监狱看过他。再有两个多月，5月20号他就出来了。不知道他有没有什么变化？”

2016.03.01，深圳湾公园

2016.03.01，深圳湾公园

“我第一份工作是在一家小公司，公司没跟我们签劳动合同。我干到四个多月的时候，有一天我正要下班，人事部的人突然跟我说：你被裁员了，明天不用来上班了。当时我觉得好突然，公司也好无情，都不给我任何缓冲的时间。”

“我想成为一个技术牛人，永远逃脱被裁员的命运！”

“大学一毕业，我拿到两个不错的offer，但我都没去，我选择了去湖南张家界的大山里支教。我在那儿待了半年多，收获还是挺大的。工作上的报酬算是一种等价交换，那种快乐是表面的、暂时的，而不计报酬地去帮助别人，得到的那种无形的回报，给我带来的是更大的、更长久的快乐。”

“我支教的那个村，青壮年都出去打工了，村里大都是老人和孩子。老人还要下地种田，孩子很小就要做家务。那些父母常年在外，很少回家。有的连家都不要了，也不寄钱，让老人和孩子自生自灭。父母的作用很难替代，他们不在身边，孩子的教育就成了问题，我们也只能教些文化知识，其他的真是力不从心……”

2016. 03. 02，紫光信息港

2016.03.09，黄贝岭

“我是深圳本地人，最幸运的是生在了深圳，最开心的是家里申请的经济适用房终于分下来了，最不开心的是家里没钱，首付十万，我们拿不出来，还得想办法去筹钱……”

“1983年，我初中还没毕业，就进了国营工厂当工人，直到2000年，买断工龄下岗。因为我老公是外省人，我是属于嫁出去的，即便还住在本村，也不能参与村里的分红。可我们总得生活啊，我现在在做钟点工。我也不跟别人比，我有一双手，自己能养活自己，挣多就多花，挣少就少花。人啊，知足就行！”

2016.03.09，黄贝岭

“我来深圳六年了，刚来第一年在工厂打工，第二年我就开始做建材生意，做了三四年，一直都没多大起色。那时我也犹豫过要不要离开深圳，可这里虽然压力大，但机会也多啊！一年半前，我跟人合伙开了一个小型的建材工厂，按照现在的效益发展下去，两年内我就能在深圳买房买车了！”

“刚来深圳时，我打工的那家工厂三个月没发工资，我连生活费都没了。可那时我刚来深圳，人生地不熟，找不到人借钱，跟厂里借又借不到。我就向厂里请假，到外面工地上去打小工，每天搬砖，一搬搬十个小时，干完活回去走路腿都直发抖。我干了四天，挣了点生活费，后来厂里开工资，我才终于渡过难关。”

2016.03.09，黄贝岭

“当时我带兵出任务，天气很热，我们拉练完坐在驻地附近的马路边休息。驻地在大学旁边，她正好路过，给了我一瓶水喝。过了两天，她又跟我带的兵要到我的电话，约我出来，我们开始交往。一年后她大学毕业，我们就结婚了。现在我还在部队，这两年她一直跟着我。我很幸运，在马路边‘捡’了个好老婆。”

“我家在一个小县城，上高中我才接触舞蹈，才知道大学还有舞蹈专业，我就想考。当时整个学校考舞蹈专业的就我一个人。我不顾家人反对，高二加入校舞蹈队，每天早读前、晚自习后，一个人跑去舞蹈室练。学校唯一的舞蹈老师，怀孕生孩子去了，没老师教，我就自己练。我苦练两年，考上了星海音乐学院。”

“我在《华丽上班族》里演过公司员工，电影结尾字幕里就有我的名字。我还是跟组演员，在里面演过好几个角色，比如便利店店员、快递员、男护士。我在《美人鱼》里演过邓超的保镖，还演过一场酒会的嘉宾。最近我在许鞍华的《明月几时有》里演了一个日本军官……”

“你最难忘的一次拍戏经历？”

“还是《华丽上班族》，我在里面演一个便利店店员，陈奕迅和汤唯到我店里买东西，那是我第一次跟大牌明星演对手戏。还有，当时发哥的戏份杀青，大家都找他签名，我好不容易挤到跟前，把本子和笔递给他，他写了两下，对我说：‘你的笔没水了。’最后我的本子上只留下了他签名的印子。”

2016.03.16，凤凰大厦

2016.03.18，市民中心

“我曾经给一个老板做过销售主管，他答应我的，七年都没兑现，最后我一气之下，一走了之。现在我自己开公司，雇了一个总经理，还有几个员工，答应过他们的，我都会兑现，而且只会多不会少。我觉得做人首先要诚信，说到就要做到。我一年才去公司两三次，放手交给他们干，这件事我最有成就感。”

“您目前最大的纠结？”

“我儿子啊！我儿子今年22，不肯读书，缺乏责任感和家庭观念，想干啥干啥，不和你商量的，不管你怎么说，反正他也不听。我一直接受不了，很纠结。”

“昨天我们过香港，亲戚朋友办喜事。晚上我叫儿子待在酒店就别出去了，我也很久没见他了，他不听，12点了还要出去。我心想high到三四点总要回来了吧，结果今天早上10点他才回来，都快要退房了，亲戚朋友都等着去喝茶呢。我说这次是你自己要来的噢，不是我逼你来的噢，十几个人等你哎，你觉得这样合适么？”

2016.09.11，大冲

2016. 03. 23，宝能太古城

“你最幸运的一件事？”

“我一个人来到深圳，来到这样一个陌生的城市，领导和同事都很关心我，我遇到的人对我都挺好的。”

“你犯过的最大的错误？”

“我总是把自己最好的一面展现给别人，把自己最不好的一面展现给家人和朋友。尤其心情不好的时候，说话的语气不太好。亲情和友情也需要维护，我希望自己以后能对身边的人好一点。”

“在深圳工作三年了，可一直都在‘关外’，我就没怎么觉得自己是在深圳。现在我正在办离职手续，下个月就要离开了。我想在这段时间多走走看看，好好感受一下真正的深圳。”

2016. 03. 26，洪湖公园

2016. 06. 11，皇庭广场

“能不能拍这边？我那边头破了。打高尔夫，我也不太会，教一个朋友，他杆一抡，打到了我头上，缝了三针。我头经常破，比较马大哈，我都习惯了。”

“当时我们几个人开车出去，他们先加速，我也跟着加速，刚超过他们，看了他们一眼，车已经飞上了路边的绿化带。那路很奇怪，本来向左的弯道，突然弯道没了，变成了直路。我飞了好久才飘下来，车冒烟了，安全气囊也弹了出来。车门还能开，我走出来，怕他们担心，说‘没事没事，不好意思’，他们几个全吓傻了，还以为我完了。真的，如果没系安全带我可能真的完了！人往往在最得意的时候摔跟头。当时我刚拿到驾照，发现我开得还不错，加速什么的技术还可以，然后车祸就发生了。幸亏没撞到人，然后车上只有我一个，否则我没完也完了。”

“它跑累了，我背它一会儿。”

2016.04.02，固戍村

"这两天工厂放假，我又没什么事干，过来看看热闹——最近交警经常在这里抓电动车，我想看看他们抓到后到底是怎么处理的？"

2016.04.02，固戍地铁站

“我们俩已经商量好了，明年一起考中山大学，
那样我们就可以继续在一起了！”

2016.04.02，老机场

“我儿子两岁，现在在老家。我们想趁他还小，在外面多挣点钱，打好基础，等他再大点，就把他接过来，带在身边。”

“你克服过的最大的困难？”

“去年我操作机器时切到了手指，指头肚上的肉都露出来了，流了很多血，老板让我休息，但我到医院包扎了一下，回到厂里照常上班。那根手指碰到很疼，我就用九根手指头坚持干活。”

“为什么这么拼？”

“为了多挣点加班费。”

2016. 04. 04，老机场

2016. 04. 07，华侨城生态广场

“我老家在东北，气候很干燥，特别是冬天，我很不适应那种干冷的天气。十几年前我来深圳旅游，一下子就喜欢上了这里。我喜欢这里的海，喜欢这里温暖的气候，喜欢这里的环境，喜欢这里盎然的春意。当时我就决定要来深圳，回去就辞掉了老家的工作，搬来了这里。”

“来深圳是我人生的重大转折。要不是来深圳，我在老家就跟别人一样，结婚，生子，庸庸碌碌过一辈子。那不是我想要的生活，我喜欢自由自在，想干嘛干嘛。我很享受现在的单身生活，自己能养活自己，除了赡养父母，再没有别的压力和束缚。就这样，一个人，挺好的！”

2016.04.07，华侨城佛山街

“我高中毕业就出来打工了，后来自考的国际贸易大专。自考的那两年多，我每天早上6点多就起床，先跑步，再自学一个小时英语，然后赶去上班。晚上6点半下班，再赶去参加7点半的高等数学培训。那时每天那么忙，可我一点都不觉得累，反而很有动力很开心，对未来的美好生活充满了向往……”

“我凭自己的努力，得到了所有我想得到的，也有了自己的事业和家庭。可结婚生孩子以后，我开始完全依附于家庭，在精神上也很依赖我老公，给他带来了很大的压力。时间一长，就产生了矛盾，这让我目前的处境很艰难。唉，我自己都不喜欢自己目前的状态，又怎能让别人喜欢呢？其实，在深圳这样一个充满活力的城市，如果不努力让自己活得更精彩，就跟这里太不匹配了！我不想被年龄和家庭羁绊，我想自己努力赚钱，让自己活得像一个女王！”

2016.04.09，下沙天桥

“你目前最纠结的事？”

“生不生孩子？！我跟我男朋友正商量结婚的事，可是在这个问题上，我们的意见还不统一。他，还有他家、我家，都想要孩子，可我对生孩子很排斥，即便结了婚，我也不想生。最近我一直在想：我到底还要不要结这个婚？”

“我是留守儿童，从小性格就内向，有心里话也不喜欢跟家里人讲。我很独立，什么事情都是自己做主。我在深圳没什么朋友，私下也不跟同事交往，我把自己裹得很严。只有独自一人外出旅行时，遇到了合拍的人，我才会跟她搭伴一起玩。只有在那个时候，在陌生人面前，我才觉得自己最放松。”

“我刚去一家公司面试，他们是做投资的，到了门口，看见他们正在里面开午会，放着很嗨的音乐，一堆人站在那里，跟着音乐唱歌，还猛喊口号。我一看就不喜欢那种氛围，我门都没进，扭头就走了。”

2016.04.13，大中华国际广场

2016.04.13，连城新天地

“我十岁就离开家，到很远的地方去读寄宿学校，只有放了假，才能见到父母。从小很多事情都要我自己做主，父母从不干涉我的选择。相比同龄人，我更独立，也更早熟。而且，因为常不在父母身边，我没经历过那种叛逆期，我从不会嫌父母唠叨，很愿意听他们说话，很珍惜跟他们在一起的时间。”

“前几年我还在想自己将来一定会结婚，而且我觉得他也可以托付终身，但从去年开始，我突然没那么想结婚了，我怕结婚牵涉的事情太多，会让我们两个人的感觉发生变化。我很享受目前的这种状态，我觉得只要我们的感情好，结不结婚不重要。可是他、我们双方的家长，还有周围的人，都觉得我们应该结婚……”

2016.04.18，西丽366大街

“跟留在内陆城市的同学相比，我觉得我和他们思考问题的角度不一样了。比如遇到什么事情，他们想的最多的是如何托关系找门路，而我会更多地考虑自己的能力和发展的机会。这是七年来深圳这座城市带给我的，所以我觉得我来深圳来对了。”

2016.04.15，九方购物中心

“我从小就想当音乐老师，在老家的小县城当了六年，已经小有名气，县里常邀请我登台演出，我带的学生常拿奖。可那时我心想：难道我就一辈子在这个小县城？来深圳我先是做文员，不到一年就做了一家地产中介的行政主管，管理着四五百家门店的文员。要不是来深圳，我真不知道人生还有这样一种可能！”

“本想着再过两年，孩子一上大学，我就可以全身心地去做我想做的事，可是二胎政策放开以后，我老公、我们一大家子人都催我再生一个。最近我辞了工作，专门在家休养，准备生二胎。生了二胎，我就什么事也做不了了，至少又有三五年时间要花在孩子身上。我自己并不想生，可是又有什么办法呢？”

2016.10.09，宝安临海

“你最有成就感的一件事？”

“一千块钱，娶了个老婆。我们那时候不像现在，找对象要有房有车，那时候两个人好上了，就什么都有了。我特别幸运，第一次去她家，就把结婚证打了。去时我给了她一千八，走时她爸妈又给了我八百，你说是不是一千块娶了个老婆？我儿子今年12岁，老二正在我老婆肚子里，我们想再要个女儿。”

“2005年宝安的房价才多少？3800一平。我跟搭档说想买房，他说先创业。这十来年我们一直在创业，一直没到一个阶段，说有一笔钱可以去买房。万事开头难，维持企业更难，到现在我们都还在维稳。一千来人啊，分厂好几个，人工那么高，地皮又那么贵！现在企业难做，买房子的也难过啊，房价那么高，买了又怕套牢。我是错过这个机会了，但我从没后悔过，企业我们也做得不错啊！再说没房可以租房，租一辈子也花不了多少钱，一样过得很开心，该钓鱼钓鱼，该干嘛干嘛。还是得有人去创业，踏踏实实干活，总不能人人都跑去买房炒房吧？！”

2016.04.20，科技园嘉达研发

“我大学学的机械，毕业后先在宁波的工厂里待了三个月，又去上海做销售，还去了福州和泉州。大年初七看了电影《北京爱情故事》，初八我就去了北京，在北京和廊坊卖了八个月房子。我又联系网友，去黑龙江卖了两个月餐具。这一年半我在广东，做市场维护。我喜欢哪里就去哪里，我想趁年轻多跑些地方！”

“我哥大我两岁，以前我妈都是催他找对象，后来看催不动了，又开始催我。这两年我妈每次问我，我都说在外面谈了对象，过年她让我带回去，我只好说分手了。最近我妈一下在老家给我介绍了十个，让我加她们微信，我只加了其中两个。实际上我一个也不想加，我现在不想考虑这些事，我还有好多地方没去呢！”

2016.04.22，福田交通枢纽

“1989年我高中毕业来了深圳，在工厂做学徒，师傅要求很严，可我进步很慢，老出错挨批评。我压力很大，还躲在厕所偷偷流泪，甚至想过回家。别人三个月出师，我用了四个月。每个来深圳闯的人，都要经历一个痛苦的过程，只要你挺过去，老实做人，踏实做事，路就会越走越宽，别人有的你迟早也会有。”

“我在商场上班时，部门来了个小妹妹，广西农村的，见工时拿不出押金，登记不了宿舍床位，我可怜她，让她跟我一起吃住，生活用品也用我的。过了两个多月，她突然不辞而别，还拿走了我一千多块钱，那是当时我一个月的工资，刚发的。当时我很难过，可我并不后悔帮了她，只是以后自己要留个心眼。”

2016. 04. 26，皇岗口岸

2016. 04. 26，卓越世纪中心

“实习时我曾误操作，把一位客户的优惠套餐取消了。当时这种套餐已经下线，我找同事找领导，特别申请了一张优惠卡，带着卡去上门道歉。那个客户人很好，并没责怪我，反而安慰我说：小妹妹，别紧张，你刚工作，难免犯错，以后细心点就是了。去之前我特别紧张，听她那么一说，我感动得眼泪都流出来了。”

2016.04.27，白石洲

“你把我老公的照片往网上一发，万一我老公出名了，被别人抢走了，我咋办？”

“我爸是个老裁缝，我12岁上完初一就不上学了，跟着我爸在福建晋江的服装厂当学徒。那时我哥上高中，我弟还小，兄弟三个同时上学，家里负担太大，我想早点出来帮家里挣钱。我哥我弟都上了大学，有了不错的工作，我这16年来一直在服装厂做流水线。我爸总觉得有愧于我，但我觉得没什么，那是我自己的选择。”

“我和她是在北京打工时认识的，谈了一年，我掏心掏肺对她好，她觉得我太委屈自己，一气之下我们分手了。年后我回到北京，再没心思工作，常梦到她。看QQ显示她在深圳，我就来了。我找了一个多月，现在离她最近，QQ‘附近的人’显示只有120米。可是，即使找到她，又能怎样呢？这是我想要的结果么？”

2016.04.27，白石洲

2016.11.27，龙华COCO City

“我跟人合伙开了家外贸公司，创业才一年半，虽然还没赚到大钱，但每天我都过得很充实。很多大公司都说今年行业不景气，但作为刚入行的小公司，今年我们效益还不错，也算是个丰收年吧。我常去健身、打羽毛球，还报了吉他学习班，经常去练。我还想学中国鼓，明年还想报粤语班，我还有好多东西想学呢。不管生活还是生意，我传递给别人的都是积极向上的东西，别人反馈给我的也多是开心快乐的东西。最让我有成就感的就是我对工作和生活的这种协调能力，让我过得虽平凡但不平庸。”

“小时候家里很穷，爸爸在外做建筑工人，妈妈在家务农。妈妈读书不多，但在学习上从来都是无条件地支持我。现在我姐已经结婚生子，我大学毕业也工作五年了，完全有能力让妈妈安心养老，可她就是停不下来，现在还在株洲老家跟人合伙承包着两个食堂呢。我让妈妈不用再那么辛苦，可她说我还没结婚，她的任务还没完成。去年过年我爸给她买了个钻戒，本来我想拍照发朋友圈的，可照片拍出来，我却没发出去——妈妈常年做家务，手很粗糙，根本不像一个才50出头的女人的手，我看了好心酸。”

“我是1999年出生的，从小到大，我的同学都是00后，只有我是90后。有时候跟他们在一起，我都觉得自己年龄好大。我还跟他们开玩笑说我是97年的，他们竟然也都信了。不过，虽然我是我们同学里年龄最大的，但我妈妈今年才35岁，我妈妈肯定是所有妈妈里最年轻的！”

“刚才他非要过来陪我，可他家在南山，离这里太远，让他从深圳西边跑到东边，就为了陪我吃点东西，我觉得好尴尬。我就让他五一先陪家人，明天再来找我。其实我又愿意又有点不愿意，我知道他想追我，在学校就老有人开我俩的玩笑，但我觉得现在做朋友可以，谈男女朋友要等到明年，等我到了18岁再说。”

2016. 05. 01，龙城广场

2016.04.27，白石洲

“2011年我从一家上市公司离职，一些老客户想让我继续服务，我放弃了去一家公司当总经理的机会，9月1号，我在出租屋拉了条网线，开始创业。9月10号，我有了第一个客户。12月12号，我注册了自己的公司。又过了半年，我在车公庙租了写字楼，开始招兵买马。现在我的公司近20名员工，正跟风投谈合作。”

2016.05.04，半岛城邦

“我在建筑工地做钢筋工，工资每到年底才能结，平时我们的生活费都是跟老板借。要是我们的工资能月结，那就太好了！”

2016.05.04，蛇口渔街

“虽然我学历不高，但我很喜欢文学，鲁迅的小说集、散文集我都看过，我还看过沈从文、梁实秋、贾平凹、余秋雨的作品，最近我在看一些作家的传记，比如《叛徒与隐士：周作人传》。从2012年开始，我就常在QQ‘说说’里写一些自己的经历和想法，一开始写得很幼稚，但四年下来，我觉得我的文笔越来越流畅了。”

“我老家在河南信阳息县，我们那儿娶个媳妇要给女方家彩礼十多万，有的还要在县城买房，又得三四十万。我的性格比较软弱，人也不够聪明，不会哄不会骗，既老实又没钱，人家都结婚生子了，我都27了还没对象。大家都说老实人好，其实没几个人打心眼里喜欢，我都觉得做老实人太吃亏了！”

2016.05.05，西丽北路

“我是留守儿童，是爷爷奶奶把我带大的。从小我就很听大人的话，从不调皮捣蛋，我觉得这让我性格上缺少了那种敢闯敢拼的劲儿。如果时光倒流，一切重来，我希望自己小时候能调皮一点。那样的话，也许我就不会像现在这样，做事老是瞻前顾后，缩手缩脚，想得太多，行动太少。”

“从小父母在外打工，我是爷爷奶奶带大的。我跟父母一起生活得很少，感情也不深。直到长大懂事，我才感觉自己也是有父母的。今年刚过完年，他们突然说要离婚。他们办完离婚手续回来的那一刻，我突然很想哭。本来我还想，将来如果有条件，能跟他们在一起生活呢，现在看来也没这个可能了……”

2016.05.16，荔枝公园

2016.05.18，文心一路

“我玩的是电子游戏，刚开始只是玩玩，输得多赢得少，越输我越想捞本，结果越陷越深。输了钱我就跟父母要，父母不给也得给，想拦也拦不住。也就半年，我输了两百多万。我彻底死心了，这一年来我再没碰过游戏机，什么都不想，就是努力工作。赌博真是害人，那两百多万我要是不输掉，拿去做点别的该多好！”

2016. 05. 18，海岸城

“我跟我先生从大学到现在26年，结婚快20年了，我仍认为他最适合我。我们价值观一致，经常像朋友一样讨论问题，一直在互相促进、共同成长。其实两个人在一起，最终还是要回归到精神层面。冰心说：‘有希望，有事做，有人爱，就是幸福。’有人只有其一其二，有人时有时无，但这三者我都有，我很幸福。”

“以前我练过两年瑜伽，一直没找到感觉。前年春节我到南京寺庙里封闭练习两个多月，考了国际瑜伽导师证。我本来只是自己练，没想过要当瑜伽老师，可朋友圈里传来传去，找我练的人越来越多。虽然原来那份工作收入不错，但我真正喜欢的是瑜伽，我就辞掉工作，开了两家瑜伽馆，专心走上了瑜伽之路。”

“小时候，我是个乖乖女，在父母的呵护下长大，他们说往东我就不往西。我很在意别人的看法，说话做事都要考虑很多。我也很注重穿着打扮，喜欢穿高跟鞋，每天都打扮得很精致很时尚。我还有洁癖，家里要打扫得很干净。我还很挑剔，窗帘有一点点缝隙我就会睡不着。在南京寺庙里封闭练习那两个多月，睡得是八人间上下铺，冬天没空调没暖气，衣服要自己手洗，有时甚至还要用凉水洗澡。这些以前我从没经历过，我流了两三次泪，但还是坚持下来了。
从南京回来后，连我妹妹都说我变了，变得更接地气、更坚强，也更快乐了。现在我是怎么舒服怎么穿，也不那么在意别人的看法了。我更喜欢现在的自己，因为我变得更真实了！”

2016.05.18，海岸城

2016.05.24，万利达大厦

“虽然我是做互联网的，但我也感觉自己的接触面很窄。最近我接触了几个房产中介，我发现虽然我们都在深圳、都在南山，但之前我和他们没有任何交集，完全生活在两个不同的世界。@人在深圳 呈现出了深圳的多元化，而这些是我平时很难接触到的。它让我了解到了别人的不一样，对别人也更能理解和包容了。”

“我学的是小语种，提前招生考试，高三上学期就被大连外国语大学录取了。我没事可干，就出去打工。我做过服务员，卖过奶茶，分销过化妆品，还做过家教。那九个月我没用爸妈一分钱，最后还存了四千。而且我早早就体会到了钱不好赚，在社会上生存也没那么简单，如果你对现状不满意，就要自己去努力。”

2016.05.27，世纪假日广场

“十多年前，我跟一个要好的同事离职，一起到华强北做生意。我们经常互相拿货，有一次他把我的货全部拿走，三天后人就联系不上了。我二十多万的货，就这样被他骗光了。我只好把柜台退掉，又东拼西凑借了十几万，才把欠别人的货款还清。然后我从头再来，又开始打工，用了四年，才把那笔债还完。”

“我2005年进入现在这家公司，一开始只是打工，兢兢业业干了六年。公司两个合伙人觉得我还不错，人挺踏实，分了一部分股份给我。就这样，从2011年开始，公司变成了我们三个人合伙。你要问我做过的最正确的决定，就是跟了我现在的合伙人。这几年我们的公司发展得也还不错。”

“从小到大我的同性缘一直都很差，但异性缘却很好。我的朋友大多是男孩子，女孩子很少，而且也没有很交心的那种。参加工作后，我刻意平衡了一下，才好了很多。我一直很困惑，你说这是为什么？”

2016.05.27，益田假日广场

2016. 06. 04，京基kk-one

“我总觉得自己在公司的资历太浅，也没啥突出的业绩，没资格提一些要求。有时工作太累需要休息，我总是自己熬一下就过去。工作上的机会我想去尝试，可往往也没主动去争取。不知道是我脸皮太薄，还是情商太低。以后我应该主动跟上司提一提，不提他怎么会知道呢？他不知道怎么会把机会给你？”

2016. 06. 06，海岸城

“你们俩之间最难忘的一件事？”

“她亲过我！2012年，在我毫无防备的情况下，她突然就吻了我，夺走了我的初吻，女生之间的那种。当时我很害羞。”

“嗯！她印象特别深，老说这事儿！”

2016.06.08，笔架山公园

“我为啥穿这么多？我是靠跑步减体重。我一年四季都是穿着长衣长裤跑，裹严实点能把更多的汗憋出来，多消耗脂肪，这样等于加大运动量，使锻炼达到更好的效果。我是一名武术散打教练，十几年前我是专业运动员，那时候散打不是奥运会项目，所以除了奥运会，全运会、亚运会、世锦赛的冠军我都拿过。”

“你让我很为难啊！我最怕这个了！以前只知道训练比赛，很少学文化课，造成我有交流障碍，词汇量不够，语言也不流畅。每次打完比赛，一说记者采访我就心发慌，一看到镜头和话筒我就犯晕：一怕听不懂人家的问题，二怕自己回答不好。像今天你采访我这件事，如果有人问，我会讲不清楚，说得稀里糊涂的。”

2016.06.04，笋岗

“最让您头疼的一件事？”
“挣钱。”
“第二让您头疼的事？”
“儿子26了，还没娶老婆。”
“第三让您头疼的事？”
“没有了，老家房子已经建好了，闺女也出嫁了，就差儿子娶老婆了。”

2016.06.13，洪湖公园

“十几年前我们一起来的深圳，那时不像现在，是工作挑人，有各种限制：年龄、身高、婚姻状况，有的还要交押金。因为没技术，我们找工作就找了半年多，居无定所，住的是小旅馆，找不到就换地方再找。有天半夜一两点我们还在街上拉着行李箱找旅馆，好不容易找到一家，老板宰人，我们只好出来接着找……”

“以前什么事家人都会帮我安排好，连上大学学校放假他们都会来接我回家。大学一毕业，我就毫不犹豫地来了深圳。我一个人来的深圳，一个人住，一个人上下班，一个人玩，什么事情都要自己做决定，遇到困难也只能自己去克服，这让我学会了独立。我觉得我在深圳过得挺好的！”

2016.06.13，洪湖公园

2016.06.13，洪湖公园

“我在旅行社做领队，经常带团出国旅游。我父母在老家湖南农村，从没出过远门旅游。我一直很想带他们出国转转，说了好几年，可他们就是不肯去。四年前我父亲突然查出了肝癌，发现时已经是晚期，两个多月就走了。这是我最大的遗憾，我自己是做旅游的，可竟然没在父亲健在时带他出去看看！”

2016.06.16，海雅缤纷城

“你做过的最大胆的事？”

“今年春节我办了张信用卡。从小家人对我的教育都很传统，不让我接触贷款、信用卡这些提前消费的东西，说要花就花自己手上的钱。可是有时手头紧，为了救急，我才办了这张卡。虽然有了信用卡，但超预算的事我还是不会做，更不会狂刷，最多也就用一半的额度，保证每个月都能还得起。”

“我爸妈是开餐厅的，每天很晚才回家。前天晚上，因为第二天要面试，我就早点回家了。回家一开门，一下子看到很多蟑螂——我们家阳台摆了很多东西，这几天蟑螂特别多！从小到大我很怕蟑螂，当时我就起了一身鸡皮疙瘩，心里直发慌。我赶紧去拿杀虫剂，隔了好远对着蟑螂猛喷——蟑螂会飞，我好怕它们飞到我身上！那些蟑螂好顽强，有些喷了还会跑，有些翻着肚子脚还在动，我不敢靠近，只好躲进卧室。躲了一会儿，我出来一看，有些还在到处乱窜，我就又接着喷。突然有只蟑螂从我脚边跑过去，吓得我跳起来就跑进了卧室。我躲在卧室不敢出来，一个人在里面哭。我表哥也在我们家住，他出去玩游戏了，我就打电话向他求救。等了好久他才回来，他又帮我喷死了很多蟑螂，我害怕还有，让他等我洗完澡再出去。等我洗完澡回到卧室，我表哥又出去了。突然间又有一只蟑螂，从门缝里爬了进来，藏在一个纸袋子后面，还‘嚓嚓嚓嚓’直响。我吓坏了，坐在床上不敢动，手里拿着鞋子，等它出来砸它。它露了一次头，我赶紧砸过去，可是没砸中。我就坐在床上，目不转睛地盯着它，不敢动也不敢睡。后来实在困得不行了，可能就一秒钟，我就睡着了。”

2016.06.23，西乡盐田

2016.06.23，西乡盐田

“我在看老罗的《生命不息，折腾不止》。这人特能折腾，他教过英语，做过培训机构，现在在做手机。我学的英语翻译，现在在做同传。我也不喜欢重复性的工作，虽然刚工作没几天，但我觉得语言只是个工具，不能靠这个为生，我还想将来用它来做点别的，比如外贸。我也想像老罗那样，生命不息，折腾不止。”

2016.06.23，西乡盐田

“我来看我分居了快十年但还没离婚的老婆。为什么没离婚？因为我们还有个女儿，她今年八岁。我们是在老家经人介绍认识的，了解不多就结婚了，婚后才发现两个人都很犟，遇事你不让我我不让你，结婚一年我们就分居了。虽然我们都在深圳，但是一年才见一两次面，我觉得自己亏欠她们太多了！”

2016.06.24，西乡天虹

“八年前他刚开始创业，每天忙得顾不上家，我又怀了老二，还在给别人打工。当时我既要上班，又要照顾两岁的老大，老二都快要生了，我还经常是一个人。最主要的还是经济上的困难：老大要奶粉钱，生老二也要钱，老人看病也要钱，他创业更要用钱，最困难的时候，家里买菜都要借钱……”

2016.05.22，竹子林

“拍我干啥？我眼睛不行了，30年的糖尿病，并发症出来了，看不清路，视力逐渐模糊，快十年了。”

“1983年来的深圳，两万基建工程兵，我是其中一个。我是79年的兵——1979年12月6号，我从家里出来的，到今天这都多少年了？出来时还是个小伙子，一转眼这都退休了。爹妈都走了，又有十多年没回去了。爹妈在世时，我给治的病、养的老、送的终。爹妈不在了，没有奔头了，不回去了，不回了，不回了。”

2016.07.10，中心公园

“老家在江西农村，父母都是农民，文化水平很低，给不了我什么指导。老师呢，只关心升学率，根本不关心学生的烦恼，所以很多问题都要自己去想，可那时那么小，哪能想明白？从初中我就感觉自己是在漫无目的地读书，不知道读书有什么用，加上读书本身又很辛苦，所以有时候我会很抗拒读书，但又不知道不读书自己还能干什么，只好又硬着头皮读下去。直到大学毕业参加工作，跟周围的人有了交流，有了一些人生阅历，我才慢慢有了一些方向，知道自己喜欢什么适合什么。但这时已经有心无力，为时已晚，因为很多东西已经错过了。”

“高二暑假我曾到中美洲的危地马拉做过一个月义工。那是个美国学生的义工项目，我们几个中国学生通过网上申请的，没想到他们竟然同意了。危地马拉跟中国都没建交呢，我们几个还是专门去美国办的签证。

在危地马拉很少看到亚洲面孔，中国人更是稀罕，到哪儿都有人追着我们喊‘Chino!Chino!’按照项目组的规定，不允许跟家人联系，手机和护照都得收走，不过那里也没手机信号。我们去的地方是高原，夜里很冷，我们住在当地人家里，洗澡都没热水，只能用冷水洗，第一次冷得我心脏都快停跳了。我们到乡村学校给孩子们讲卫生知识，教他们如何正确洗手、洗脸、刷牙。有一次，在一个乡村诊所，我们碰到一个产妇分娩，她特别老相，看着像三四十岁，可一问才二十岁，跟我们年龄差不多，可已经生第三个孩子了。如果让我二十岁就带一堆孩子，我简直无法想象，但那就是她们的生活！”

2016.07.10，金中环广场

2016.07.10，皇庭广场

“2002年我去英国读研，因为一些原因当年没录取，我不好意思回国，就留在了英国。我拿的留学签证一周能打20小时工，那时我一小时挣8镑，在当时已经算不少了。那一年我没跟家里要钱，还存了点钱，第二年暑假我用自己挣的钱出去玩了一圈。我还报了语言学校补英语，第二年我申请到的学校比之前那所排名还更靠前。”

“读研时我父亲心脏病突发去世了，我只好又去打工。研究生学制一年，学业很紧张，为了抢到参考书，早上6点我就去图书馆占座，上一天课，下课后再去打工。我还去中餐馆打过黑工，每天干到凌晨两点才下班，回去洗洗涮涮就3点了，早上6点又得起来，接着去图书馆占座。那几个月我每天只睡三四个小时，只为了多赚点钱，因为中餐馆给现金，不用报税。”

“初三时隔壁班有个男生想追我，经常给我买水喝，课间还找我聊天，放学还把我送到公交站，他追了我一个多月，我答应了做他女朋友。我们在一起不久，他告诉我：他跟我在一起是为了认识我旁边的那个女生，我听了很伤心，跟他分了手。那是我的初恋，就这样匆匆忙忙地结束了……”

“我在加拿大留的学，他们那儿有个法律规定：在大街上不能公开喝酒，即便你拿着一瓶酒不喝，让别人看到酒瓶上的logo都不行，空酒瓶也不行，警察会管你，别人也会举报你。但如果你把酒瓶裹住，或者装到一个不透明的袋子里，只要别人看不到酒瓶上的logo，你随便喝都没人管。你说搞笑不搞笑？”

2016.07.12，大冲

2016.07.15，九方购物中心

“我是壮族人，我家在广西来宾，我们那个村的人大都是壮族，可都已被汉化了，老实说，壮族有啥风俗习惯我也不懂，壮族服饰我连见都没见过，民族节日我也从没参加过。每年‘壮族三月三’歌节，我们也放假，但没人开展山歌对唱活动。对了，我姓闭，刚上大学时有个学长还专门查过，说我这个姓在全国第二罕见呢！”

2016.07.15，九方购物中心

“我家兄弟四个，我是老大，三个弟弟都结婚生子了，就剩下我还是单身。自我2000年从老家出来，家人就一直在催婚，这都说了十几年了，我还是单身。家人介绍的我交往过一个，我自己也谈过两个，可都没成。家人担心我将来会孤独终老，同学也说我没上进心，可我没觉得有什么啊，这样一个人自由自在的，挺好！”

2016.07.15，九方购物中心

“我老家在韶关南雄县城，1970年我才十几岁就被下放到连山县，在大山里的三线厂生产军用无线电。1980年一改革开放，我们厂就跟日本三洋合资成立了华强三洋公司，我随厂迁来了深圳。我们生产过收录机、黑白电视机、彩电、照相机，我当过工人、做过主任，还管过电。我最后工作的那个车间是压电视机壳的，那东西可能有毒，我脸上经常起疙瘩。2003年我干脆把公司给的股票一卖，买了套新房，又把原来分的房租了出去，有了租金，2004年我就买断工龄，从此过上了退休生活。”

“我刚来时厂房还是铁皮房，就那还是日本人建的，住的是自己搭的草棚。我结婚后才分到一间平房，没厨房没卫生间，我们就在门口空地上用木板搭了个小厨房，那么小的房间，我们还在角上隔出个冲凉房。那时听说还要沿着深南大道盖满楼房，我们根本就不相信，觉得这辈子是看不到了，没想到还真盖成了！”

“我老家在山西吕梁，属于贫困地区，父母全靠种地生活，家里没啥收入。我家兄弟五个，我是老三。我上大学时学费都交不起，一直欠着，我工作一年后才还清。那时候老大老二给我生活费，等我工作后，又供两个弟弟读大学。我们兄弟五个就是这样相互拉扯着，一步一步走过来的。现在老大通过自考当上了律师，老二在老家当公办教师，老四老五也都大学毕业工作了。对了，这个月25号，老四就要结婚了！”

“我学的数控，2008年专科一毕业，就被学校介绍到这家公司做流水线工人，每天工作十个小时以上，经常上夜班，周末还要加班。当时我觉得在深圳很没希望，好多次都想回老家，可我们那儿环境污染太严重，最后我还是决定留下来打拼。2010年我开始自考，三年后拿到了法律本科文凭。我喜欢书法、写作和摄影，做流水线时就经常写稿，在公司内刊和网站上发表，后来我就去了企业文化部。接着我又开始考研，考了三次，直到去年才考上，我还报了名参加今年的司考。我为什么要这么努力？就是因为在我们公司，专科就只能做流水线，想当领导必须是本科以上，而且工资是专科的三四倍。作为从农村出来的孩子，我的起点本来就很低，我必须付出百倍的努力！”

2016.07.19，科技园

2016.07.21，万象城

“我是做软件开发的，我的生活很单一，每天都是两点一线。现在跟人合伙创业接外单，工作比以前更忙了，每天就是上班、回家，上班、回家。我很宅，平时就待在家里看书看电视。来深圳这七八年，出去玩我顶多也就在市内逛逛，旅游我还从没出过深圳市。我想等我对象陪我出去玩，可他很忙，一直都没空。”

“你犯过的最大的错误？”

“小时候情商太低，遇事想得太多，导致精神压抑，甚至还轻度抑郁，吃不好睡不好，影响了身体，我上课老打瞌睡，最后也没能考个好大学。

老家在湖南农村，对于像我这样从农村出来的穷人家的孩子来说，读书才是出路。可我妈脾气很差，不管我做没做错事，她一不高兴，顺手就会给我一耳光，或者操起东西就打我。那时我还小，老想不通我错在哪里？为什么妈妈这样对我？她经常把这些不良情绪传染给我，导致我也经常会为一些事纠结。我明知道那样纠结不对，可还是会不由自主地郁闷好久。上初中时我在班里还排前几名，很受大家关注，到了高中我的成绩一路下滑，最后我只考上了县里的工业学校，读了个大专。”

“去年我在这里丢了钱包，里面有身份证、银行卡，还有两三千元现金。就在我以为没希望找回时，有人打我手机，说他捡到了。那个人也在这个市场里做生意，我钱包里有张进货单，上面有我电话。他把钱包原封不动地还给了我，我买了东西感谢他，他就是不收，我只好放在他店里。通过这个事，我对这里多了一些好感。”

2016. 07. 23，荔秀服饰文化街

2016. 07. 25，深圳大学

“之前我心想随便考个大学就行了，可当我看到深大的招生视频，讲得那么有文艺范儿，我开始对深大充满向往。可我今年高考没考好，差一百多分呢！我今天特意来深大感受一下，已经转了三个小时了，看到喜欢的地方就坐一下，拍照留念鼓励自己。我准备回去复读，明年再考，我要努力把梦想变成现实！”

“小学我就开始学唱歌，因为唱歌唱得好，中学我被招进了市重点，那个学校的合唱团在深圳很有名，我在那儿又接受了六年的音乐教育。可高考时家长考虑到音乐这碗饭不好吃，让我报考其他专业，我很难过，稀里糊涂地就报了个计算机专业，后来我又改学了商务英语，现在在一家公司做人力资源管理。高考以后我再没碰过音乐，也很少提及那段经历，甚至会刻意回避这个话题。毕竟唱了十几年，那是我的专长和兴趣，现在想起来还蛮可惜的。”

2016. 07. 27，华侨城创意文化园

2016.07.27，华侨城创意文化园

“我们是高中同学，到了同一个城市上大学，我追了她一个多月，她答应了。一开始我就跟她说：‘哪天你觉得我们不合适要分手，我不会有任何反对意见’，我只是嘴上这么说，从来没想过会分手。我们在一起时间久了，经常为一些小事吵架，吵多了关系就紧张。有段时间她突然变得心事重重，但又不肯跟我说，而我对她却是无话不说，这种不对等的关系也让我很不爽。大二开学没多久，她突然提出分手，我很不情愿，但还是答应了她。其实我怎么都接受不了这个现实，也许因为她是我的初恋，我心里始终放不下她，分手后那两年，我从没主动接触过一个女生。我一直都想不通：当时她为啥要跟我分手，而且还那么坚决？”

“三年前我刚出来工作时认识了她，然后我们就在一起了。我是从农村出来的，家里很穷，上大学都是勉强上的，但她很能理解我，不嫌我家穷，也不嫌我收入低。她和她家人想让我们尽快结婚，可我想等经济条件好了，那样能把婚礼办得隆重点。但她等不及，我们只好分手了。现在我倒觉得她的想法挺好的……”

“之前我在亲戚的公司工作，公司十多个人，除了他我最大。两个月前我们闹了点小矛盾，其实也没什么，可我当时一气之下离职了，自己出来单干。离职时他忠告我：别以为你跟我干了三年，就觉得自己吃透了这个行业，只凭你目前的经验和人脉，出去单干很可能撑不了多久。当时我还听不进去，结果现在还真像他说的那样，确实不像我想得那么简单。可我基本上不可能再回去了，所以最近我在考虑：是继续坚持下去呢，还是改行做别的？”

2016.07.27，华侨城创意文化园

2016. 07. 27，华侨城创意文化园

“他是我的大学同学，从上学到工作我们谈了三四年。他对我无限包容，从不对我发脾气，就算是我的错，我生气了他还哄我。可我那时不太懂事，很任性，我们在一起越来越累，可能他也疲倦了，两年前我们分手了。他对我特别好，分手后我才领悟到。我要感谢他，怎么去付出、理解包容别人，我还是跟他学的。”

“我大学读的是会计，毕业后做了一年多，可天天对着电脑和一堆数字，坐着坐着我就想睡觉，那对我简直是一种煎熬。接触咖啡后我发现它非常有趣，我就开始利用业余时间到咖啡馆做咖啡。2012年我干脆辞掉工作，彻底转行做了咖啡。”

“咖啡最吸引你的地方？”
“它对我就是有一种吸引力，让我感到既开心又满足，对我来说它就是一种精神寄托。一个人迷恋一样东西没法去形容，你说一个人喜欢画画是什么原因呢？”

“你做过的最大胆的事？”
“离开老家，出来外面工作。老家在江门，家人总觉得女孩子在外面不放心，一直想让我留在老家，可老家机会没那么多，也没有我想要的，虽然他们一再劝我，但一毕业我还是出来了。我想趁年轻出来试一下，我想过自己想要的生活。”

2016.07.27，华侨城创意文化园

2016.07.31，益田假日广场

“以前我在帮自己家做生意，家人也不管我，我做得很没动力。我爸就把我送到广州，让我到别人的公司去做销售。环境不一样了，该你做的就必须要做到，我一下有了压力。老板教了我很多，我也从很内向变得能主动跟别人说话了。在外打工这几年，我最大的感受就是：小孩不能自己家带，到外面才成长得更快。”

2016. 07. 31，世纪假日广场

“我今年24岁，也该谈婚论嫁了，可我们三观有点不合。比如在花钱上，我大手大脚惯了，可他老想省钱，谈恋爱是要花钱的呀，连这他也要省钱，我很不习惯。恋爱时你只看到他的优点，婚姻中他的缺点会被放大，我还听人说：恋爱时你把他的缺点放大十倍百倍，以后就会好很多。我很困惑，我该怎么办呢？”

“‘吃一堑，长一智’，你的类似经历？”

“‘吃一堑，长一智’对我不太适用，我是那种不撞南墙不回头、回过头还会再撞的人。哪怕第一次受了伤，第二次我还会抱着极大的热情去撞。我从不会因为受过伤而去害怕一件事，我是个不信邪的人。即便失恋了，哭得很伤心，下一次我还会全情投入地去爱！”

2016.08.05，科技园文化广场

“我在国外读的大学，2008年回国后，我先是给自己家干，我家做脚手架租赁安装，深圳很多建筑都是我家做的脚手架。那个行业很难做大，而我想干点更大的，回国当年我就创立了自己的咖啡品牌。我们的发展势头很猛，现在已经开了十几家店，今年下半年还要再开五家。我要挑战这个行业的巨头——星巴克！”

“深圳人与人之间比较冷漠，即便是好同事，生活上交往也不多，就连住在隔壁街的大学同学，我们也很少联系。不过我妈妈在这儿跟我一起生活，每天一回到家，她把什么都弄好了，还会问我要不要吃饭，有时我吼她她也不会往心里去。不管我好与不好，妈妈始终站在我身边，一看到妈妈就能感受到家的温暖。”

2016. 08. 02，皇庭广场

2016.08.05，科技园文化广场

“我两个儿子，老大在深圳开公司，发展得还不错；老二在东莞当公务员，也在老老实实做人、规规矩矩做事。他们都挺争气，都没让我失望。我觉得我对他们的教育还可以，这点最让我有成就感。”

“老家在河南信阳，以前我一直在村里做会计，几十年都没出来过。去年为了带孙子，我和爱人来了深圳。父母都不在了，老家也没啥人了，这一出来以后没啥大事就不会回去了。可我的那些好朋友都还在老家，来深圳后联系越来越少，关系也越来越疏远。就这事，我挺纠结的，老家的那些人情以后就都放下了！”

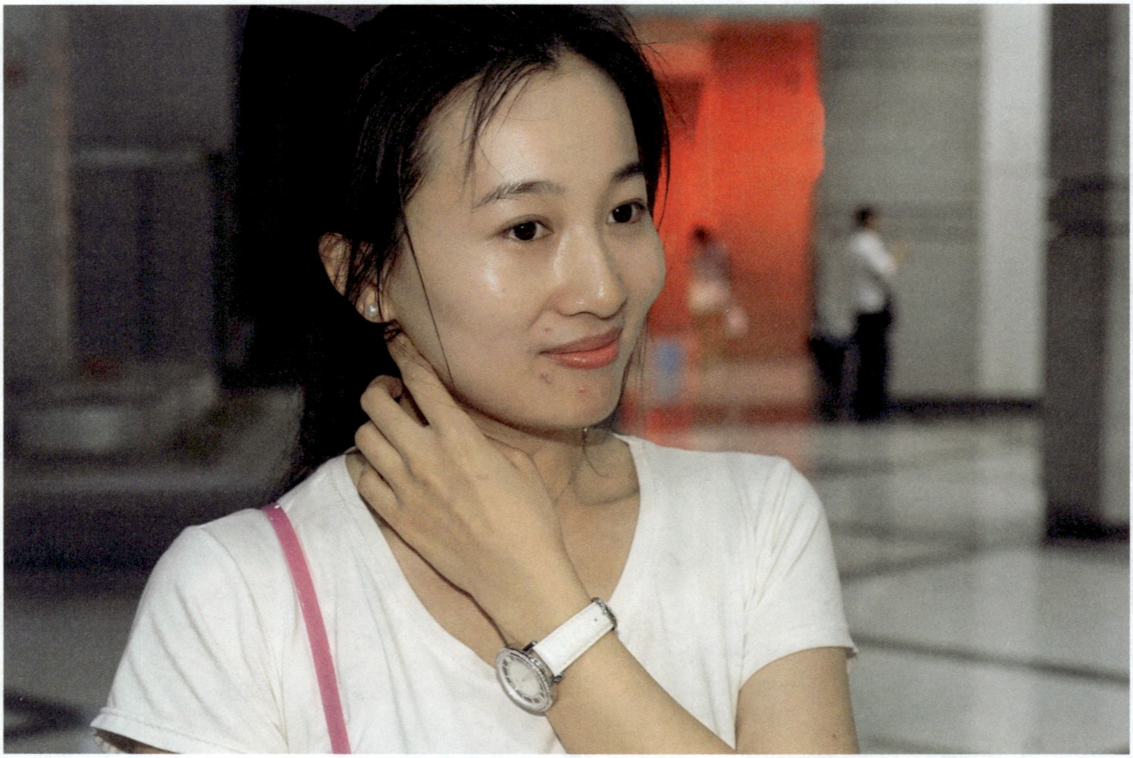

2016.08.15，车公庙

“你目前最大的烦恼？”

“想找个男朋友，他喜欢我我也喜欢他的。我都参加工作了还没谈过一次恋爱呢！上大学时我暗恋过一个男生，我也不知道自己什么时候喜欢上他的，反正每次跟他一起参加活动我都特别开心。他好像也没察觉到，直到大三他出国留学，我也没好意思告诉他。我喜欢过的男生，他是唯一一个。”

“有一次在大街上我看到一个老奶奶，又矮又瘦，看着有八十多了，还在弯腰捡瓶子。我很想给她点钱，可又不想像给乞丐那样，我跟了她十来分钟，终于想出一个办法。我走过去假装跟她说：奶奶，您的钱掉了，然后赶紧把手上的二十块钱塞给她，她很惊讶地接了过去，趁她还没反应过来，我就赶快走开了。”

2016.08.16，深圳北站

“我是个板女，今天约了几个人来这里玩板。我还在上职高，心情不好时我就会出来玩板，一玩就觉得很开心。玩板让我觉得很酷，尤其是踩在板上，那种风迎面吹来的感觉，好爽！”

“我老家在贵州，虽然是市区，但那里的人观念还很保守，甚至还停留在男尊女卑的状态。像我喜欢玩滑板和跳街舞，他们就不喜欢。回老家时我还去秀过，他们觉得我很奇怪：怎么一个女孩子还玩这些？但在深圳就不一样，大家的思想都很开放，一切都自然而然。”

2016. 08. 16，深圳北站

“从小家人对我就是放养，什么事都是我自己做主。虽然学美术也是我自己选的，但我却不知道它是不是真正适合我。联考前我很迷茫，可老师说：等你上了大学，学个两三年，那才是你真正迷茫的时候，你会怀疑你选的这个专业，以及未来的路该怎么走。眼看就要开学了，我还在纠结到底要不要学这个专业呢！”

“之前我练过体育，膝盖受伤后初三才改学的画画。可我觉得我是个很没美术天赋的人，再加上起步太晚，我只能更刻苦地学。去年美术联考前那两个月，每晚我都画到凌晨3点才睡觉，早上7点又起来接着画，饿了就在学校画室吃碗泡面，连老师们都很惊讶这女孩子怎么这么拼。我考上了一所211大学的环境设计专业，虽然考得没别人好，但我觉得已经对得起自己这几年的努力了。”

"你最纠结的一件事？"
"钱。为什么我就没别人那么有钱？为什么有钱人想怎么花就怎么花，而我每天却要精打细算？"

2016. 08. 16，深圳北站

“你做过的最大胆的事？”

“创业，自己做生意。以前我就是个工厂的打工妹，辛辛苦苦也挣不到多少钱。我心想：等到了五十岁，哪家公司还会要我这样一个老女人？我应该自己把握自己的未来，趁年轻吃点苦拼命干，将来好有能力养活自己。当时亲朋好友都反对，他们觉得我一没形象，二没口才，三没钱，四没人脉，要什么没什么，创业不可能成功。但我还是借了些钱，开始创业。最艰难的时候，我身上只有一百块钱，就那还得出差跑市场，有时出去没收获，我连回来的路费都没有。创业这六年来，我也是有起有落，但我一直没放弃，一路坚持着走过来了。”

2016.08.16，深圳北站

2016.08.22，八卦岭

“以前我在南京当中学数学老师，十几年前退的休。有个学生在深圳一所职高当领导，就邀请我过来干老本行，我在那里教了五年，又离职做家教，一直做到现在。我来八卦岭是买点辅导书，对做家教有帮助。别看我今年75岁，做家教还都是上门服务。这不今天晚上还有两个小时家教呢。”

2016.08.24，欢乐海岸

“您最近考虑最多的一个问题？”

“我想多陪陪我老母亲。我母亲今年92岁，在老家生活。以前接她来深圳跟我们一起生活过，她很不适应，待不了多久就想回去。而我常年在外工作，很少有时间能回老家陪她。快了！今年我56岁，再过几年就退休，到时候我哪儿也不去，就回老家陪母亲！”

2016.08.24，欢乐海岸

“你克服过的最大的困难？”

“让父母跟我女朋友见面。我是深二代，父母希望我也能找个深二代，家里条件好些的，这样我就不用那么辛苦。可我谈的女朋友是湖南的，比我大三岁，她大学毕业后才来的深圳。我父母特别反对，连见都不想见她，我只能慢慢做工作。比如，以她的名义给我妈买化妆品；我父母过生日，如果她买蛋糕，我就买鲜花和礼物，然后跟他们说都是她买的。我还时不时跟父母唠唠嗑，说她有多关心我体贴我。经过这半年多的努力，他们终于同意让我带她回家见面，就在这个周末！”

“我是在等客户，我是瓜子二手车的评估师，负责福田这一片。这儿有个客户想卖车，让我过来看看。本来约好的三点，我来了，他又临时有事，推到了四点半。还有俩小时，我正打算在这附近玩一玩。没事，这个我可以等，这是今天最后一单。”

“怎样看车有没有泡过水？”

“泡水分三种：最轻的是没过车轮；中等的是没过仪表盘；最严重的是没过车顶，这叫全泡。后两种是要排除的。车一泡过水，电气设备等都会受到影响，首先查功能，其次看痕迹。比如看驾驶座底胶有没有进水的痕迹；还有转向柱下面，那儿有很多管道和线路，空间小，更换不了，除非全换，但那样成本太高，一般都不会，那就有痕迹；还有后备箱，雨水是酸性的，一泡水备胎仓就会生锈，怎么处理都不行；还有就是车门，即便你换装了原厂的门，和原装的也不一样，因为出厂时整车车身会过一个电泳池，漆面厚度在120微米，换装的门最多80，这个要测量才知道——我们都是有仪器的，就在我包里。”

2016.05.22，竹子林

2016.08.26，车公庙

“分享一段你的特别的经历？”

“一场恋爱，谈了十年，刚刚分手，这算不算？”

“我很喜欢画画、做设计，大学读了建筑设计，现在做这行也快五年了。原来我以为做这个比朝九晚五的工作更有意思，自己觉得怎么美就怎么设计。做久了我才发现，做设计除了要经常加班，你想做一些突破和改变也很难。有时明知那样设计不是最好，但又必须去做。有些是设计规范，有些是甲方要求，往往要做出妥协。公司那些比我早来十年二十年的，到现在也还在做着同样的工作，这让我仿佛看到了以后的自己。我好纠结，我等于是把自己的兴趣完全变成了工作！”

3

每个人身边都需要一个倾听的人……

“三年前我跟人合伙成立了一间化妆品工作室，刚开始要自己开发客户，在街上给陌生女性发名片。可每次我都张不开嘴，总怕别人拒绝我，在街上走了七天，我一张名片也没发出去。第八天我下了狠心，那天一出去看到第一位女士，我就上前打招呼给了她名片。那一刻我心里好舒坦，我终于突破了自己的心理障碍！”

“高中时的英语老师曾在课堂上跟我们说：外面的世界很精彩，你们一定要出去看看，走得越远越好。虽然她没明说，但我能感觉到她的心情：她在老家教书，结婚生子，日子单调重复，可是没机会出去了。前几天工作碰到困难，我又想起她的这段话。不管多么坎坷，我都要留在一线城市，绝不回老家那个小县城！”

2016.08.26，车公庙

2016.08.28，洪湖公园

“你一直想做但还没做的事？”

“读大学。上学时我学习成绩很好，可我家经济条件不好，我只好去读中专。工作后我自考拿到了本科文凭，但我对大学还是特别向往。我一直在想：是不是应该去体验一下大学生活，到大学课堂上去听听课？我觉得学习的最高境界，就是在大学里和老师同学坐而论道、思想碰撞。”

2016.09.05，怡景中心城

“你经历过的最艰难的状况？”

“离婚。2005年我在沈阳工作时，年龄到了，父母又催，他条件又挺合适，我们就结婚了。那时我觉得无论如何我都不可能离婚，可婚后我发现他赌球，输了好多仍然赌性不改，结婚半年我们就离了。因为他，离婚时我还背了八万块钱的债。结婚时我把工作辞了，离了婚我既要找房子又要找工作，头三天我一口饭都没吃。我还要挣钱还他欠下的债，但我从没跟谁抱怨过。毕竟那是我自己的选择，就当是一种人生经历吧！”

“你目前最大的烦恼？”

“结婚。一直有人追求我，有的对我特别好，我也很想结婚，可我又想：毕竟我们是好朋友，没有婚姻我们还是好朋友，结了婚万一再不好呢？到时候可能连朋友都做不成。所以我又觉得现在这样挺好的。我不是害怕婚姻，只是不想再为了结婚而结婚。”

2016.09.05，连城新天地

“我在华强北做了几年生意，被韩国人骗了两次：一次货值近千万，让打保证金过去，香港交货，款打过去，人就不见了，几十万，没追回来。一次从韩国进货，说首尔那边发货了，到现在四五年了也没收到。报案也没用，韩国警察根本不管。华强北很多人被韩国人骗过，最多的被骗两千万。我再不相信韩国人了！”

“我这人心太软，太仁慈，又不喜欢藏着掖着，很容易相信别人，所以才老吃亏。本来一单生意能赚一万，我只赚了五千，我就想：五千就五千吧，赚多少是多少，无非就是少赚点，我也不求大富大贵。有时吃了亏，我就想：不必计较太多，就当是上辈子欠人家的，这辈子还债来了。这也算是给自己的一个安慰吧！”

“1996年我就来了深圳，本来有很多机会在这里买房的，可我总觉得买了房每个月要还银行好多好多钱，万一发生什么意外断供了，房子还会被银行收走，我就一直没下手买。在深圳打拼这么多年，到现在还没有自己的房子，我太保守也太没远见了！唉，估计这辈子是指望不上了！”

2016. 09. 22，沙井西荟城

2016.09.22，沙井西荟城

“关于未来，问一个你最想问的问题？”

“一年后我是在深圳还是在老家？我在做网络推广，最近刚晋升为商务部经理，手下有6个人，在这里还是有一定发展空间的。可我年纪也不小了，家人一直在催婚。一年后吧，一年后我再决定是留在深圳继续打拼，还是回河源老家重新开始。”

“关于未来，问一个你最想问的问题？”
“将来我能不能从一名打工者变成一个老板？”

2016. 09. 27，海月路

2016.09.30，大冲

“我学的物流管理，但我对投资理财更感兴趣，我在自学，实习也都是在投资公司。大二我就开始炒股了，可去年的股灾我不仅把以前赚的钱都赔光了，本钱也亏了30%。虽然炒股有点像赌博，但有时从零零碎碎的消息中也有规律可循。我觉得炒股很刺激，每操作成功一次，感觉就像整个世界都在按照自己的判断运转一样。”

2016.10.04，万象城

“在深圳买房、娶妻生子、长期生活下去，对我来说实在是太渺茫了。有时我也会想：要不要离开深圳？可在这里待了这么多年，要离开还真有点舍不得。2013年我回老家待过一年，帮我弟打理生意，我发现自己已经不习惯老家的生活了。在深圳我感觉如鱼得水，在老家却像一条鱼被扔上了岸。”

“我来深圳三年了，可还是一事无成，一点都找不到归属感。深圳的房价、消费水平都高高在上，让我有很大的距离感。深圳的发展速度太快了，我总觉得自己的脚步跟不上，跟这个城市还有些格格不入。看着这么繁华的一座城市，却没有属于自己的东西，那种感觉真的很无奈！”

2016. 10. 06，红树林

2016.10.09，前海湾

“现在一没事我就喜欢出来，到处走走看看。我刚满65岁，坐公交地铁全免费！”

“您最有成就感的一件事？”

“在深圳买了房子。原来我一直在老家梅州大埔，厂里效益不好，2001年我办了内退，来深圳在一所学校搞后勤。我儿子也来了深圳工作。2008年我跟儿子一块在宝安买了套房子，现在我们一家老少都在深圳呢。看看这房价，那时我们才花了五六十万，要是现在那不得好几百万！”

“听说这里很灵，我是专门来求姻缘的！”

2016. 10. 10，凤凰山

2016.10.10，凤凰山

“我老家在广西农村，我初中毕业就出来了。我今年25岁，身边的同龄人都结婚了，爸妈也希望我能回去找个对象嫁了。国庆节前我就辞了工准备回去，可我又很犹豫：这些年我一直在工厂做流水线，也没学一门手艺，回去我又能干啥呢？”

“我想去学美容，可又怕自己沉不下心。其实我很清楚自己的缺点，可就是改不过来：我不够自信，总觉得自己不如别人；不够有主见，本来自己想做的事，别人说两句我就动摇了；做事也不够坚定，不会像别人那样，认准了目标就坚持走下去。我觉得我总是想得太多，做得太少。”

2016.10.14，软件产业基地

“我表哥在广州做工程机械设计，整天坐在电脑前，经常加班加点，生活很不规律，很少锻炼身体。国庆假期他还在家加班，因为一个人住，2号那天猝死，9号才被发现。他才34岁，正值壮年，平时见人都是笑呵呵的，好好的一个人，说没就没了……”

“我最想去的是成都，对那里充满向往，可那儿我一个人也不认识，我妈不让我去。两个月前我就来了深圳，因为这里有熟人。其实我对北上广深一点都不向往，我不愿跟人去争去抢，排队别人都想快点，而我会等人家都排好了再过去，挤地铁我总比别人慢，老被人撞。我觉得我跟这个城市格格不入，我不属于这里。”

2016.10.14，软件产业基地

2016.10.20，*龙华九方*

“当时觉得工资低又涨得慢，我就没去当老师，而是进了公司。从做研发到市场助理、总经理助理，我总觉得在公司压力很大，很多东西都不熟悉，工作很难驾驭。在公司做了三年，我还是想去当老师，我就考了编制，顺利当上了初中生物老师。当老师很多东西都可控，我特别有安全感，而且看着学生在你的教育下一天天成长，也特别有成就感。可身边很多同事一毕业就当了老师，他们觉得好枯燥好无聊，总觉得外面的世界很精彩。而我现在当老师是心甘情愿，并且乐在其中。”

“当老师很辛苦，每天下班一回家，往床上一躺就不想动了。我先生就会说：一天就上几节课有那么累吗？当个老师为什么要忙成这样呢？当然他工作也忙，希望我把精力多放在家庭上，多照顾家人和孩子。可老师都是一个萝卜一个坑，有事也很难请假，没人替你上课，你总不能把学生扔在课堂上不管吧？工作上这些压力事小，家庭关系处理不好事大，我该如何取得家人的理解和支持呢？”

2016. 10. 20，龙华九方

“以前我们没想过要在深圳买房，都是在老家买，株洲、长沙都买了。最近两三年我们才开始在深圳看房，看了好多次，可能买得起的位置太偏，我们看不上，我们想买的，偏偏首付又总是差那么一点，一而再，再而三，到现在我们也没下手。深圳的房价涨得太猛了，这两三年涨了多少？你说让人纠结不纠结？！”

2016.10.20，市民中心地铁站

"我是专门从东莞过来的，参加今天弘法寺的祈福盛典，在深圳湾体育中心，晚上7点。到时候会有直播，你也看看！"

"我有工作有家庭，有自己的信仰——我是在家居士，正知正觉的信佛人。但我不是迷信，不会在佛前求发财求健康，我信的是大乘，要自己解脱，还要去度化别人。学佛八年，我一直在做善事：给陌生人一个微笑、资助贫困学生、病人、参加放生、供养出家人。积了这些功德，再把它回向给众生，扩散到所有人。"

2016.10.24，卓越城

“2006年我就来了深圳，后来又回老家结婚生子。那时我老公、公婆、我爸妈，家里所有人都认为我应该留在老家相夫教子，可那不是我想要的生活，我想有一份自己的事业，也想帮帮爸妈和弟弟，我又独自一人回到深圳。头几年我一直在跟所有家人周旋，一边在深圳工作，一边还要回去说服他们让我留在深圳，每年都要来回跑好几趟。最后我们相互妥协了，他们提了很多条件，现在我都办到了——我的工作稳定了下来，在深圳也买了房子，还解决了孩子上学的问题。现在我老公也在深圳工作，我们的感情也比那时候好了很多。现在这个状态就挺好的，我既能带孩子，也能在这里发展自己的事业。”

2016.11.02，深圳湾公园

“来深圳之前我在江西的一个小县城做老师，那里是革命老区，偏僻落后，工资又低，领导看你不是看能力，而是看关系，连买东西都要靠关系，过得很难受很压抑。1995年我来了深圳，继续做老师。当时深圳条件还很差，但很包容，也很自由，感觉空气里都充满了自由的气息。只要你有能力肯奋斗，就能得到你想要的。来深圳第一天我就想：就是做叫花子，也要留在这里！正是深圳这样的土壤和环境，才让我和我老公有机会发挥出自己的能力，有了今天这样的生活。这辈子我做过很多选择，但来深圳无疑是最正确的！”

“刚来时我们的条件还很一般，但我们感觉深圳很适合有野心肯上进的人，就极力鼓动亲友们也过来。我弟弟，还有我老公的一个同学，也在2000年左右来了深圳。我们也没给他们什么经济帮助，只是不断建议、鼓励。当然他们的奋斗过程也很艰辛，但他们都成功了，现在过得比我们还好。这是我最有成就感的一件事，我们不光是自己，也说服亲友来到深圳，辛勤打拼，有了今天的幸福生活。”

“2004年我老公开始创业，前五年一直在亏损，没一分钱收入，最困难时他连100 块的加油钱都没有。我们的房子还做了贷款抵押，如果再赚不到钱，连房子都会被银行收走。全家靠我一个人的收入，每个月除了还银行利息，剩下的只能省吃俭用算计着花。2009年他公司开始盈利，我们的经济状况才慢慢好转。那五年是我们最艰难的时候，现在想想，都不知道当时是怎么挺过来的。”

2016.10.27，喜憨儿洗车中心

“孩子七个月大时我们才知道他是喜憨儿，当时感觉就像天塌了一样，很绝望，不知道该如何面对。时间长了会好一点，但你并没有真正走出来，你只是转移了注意力。白天还好，你可以想着努力工作，多赚些钱，将来好留给孩子，可你也很清楚，他根本就不会用。那是你无法逃避的问题和现实，每到夜深人静时，你就会想起这件事。”

“按政策我们可以再要一个孩子，我们也挣扎过。可有了第二个孩子，我们势必会从老大身上分心，将来老二除了要赡养我们，还要养活哥哥，这对他们俩都很不公平。最后我们决定：把全部精力和爱都给这一个孩子，全身心帮他康复，让他尽可能有所改善。孩子今年14岁，在元平学校读书，经过持续的训练和学校的教育，现在他状态很好，这是最让我们感到欣慰的事。”

“身为喜憨儿的父母，你总会想：将来有一天我们老了，不在了，孩子怎么办？为了给孩子们找一条出路，我们考察了一年半，从国内到国外，看了好几个项目，最后还是觉得洗车行业最合适。去年七月份，我们10位喜憨儿家长联合在一起，众筹成立了国内第一家‘喜憨儿洗车中心’。2015年 8月8号开业，至今一年两个多月，我们洗了14750台车。一天30多台车，都是孩子们用勤劳的双手一台一台洗出来的。”

2016.10.27，喜憨儿洗车中心

“我在深圳元平特殊教育学校上的学，上了15年，2015年职高毕业后，去了一家五星级酒店做传菜员。有一次我不小心撞到一位客人，把菜洒到了他身上，把他烫伤了，他对我破口大骂，我说了很多对不起，但他还是不肯原谅我，还叫来了我们经理。我们经理把我的工资全赔给了他，我在那儿干了六个月，结果等于白干了。”

喜憨儿洗车中心
地址：深圳市福田区上梅林凯丰路11号
电话：0755-83299218
如果你住在附近，不妨到这儿来洗车，欢迎！谢谢！

“他们智力是有障碍，可他们也有自己的优点，他们四肢健全，心地善良，憨厚可爱，思想单纯，与世无争，做事很专注，具有匠人精神。在他们能力范围内，你安排好的事情，他们就会认真去做，而且心无旁骛，这些是我们普通人有时都很难做到的。过去我们一说到喜憨儿，总是说他们的缺点，很多喜憨儿因此被关在家里，走不出去，他自己痛苦，家人也难受。我们要扬长避短，把他们的优点挖掘出来，让他们能走出家门，通过劳动融入社会，不再是负担，活得更有尊严。”

“我们这10个发起人的孩子都还小，有的还在上小学。现在这16个孩子，都是别的家庭送来的。虽然他们都已成年，最大的已经41岁，但我们仍然把他们当孩子看，就像自己的孩子，他们在这里就业、训练、康复，不会受到任何歧视。很多家长也想把孩子送过来，可深圳我们目前只有这一个洗车点，能容纳的人数有限。在我们这里登记过的还有一百多个孩子，将来如果能开更多的洗车点，就能接收更多。喜憨儿也分不同的智力障碍等级，我们争取做到来者不拒。我们想先探出一条路，现在多做点，将来等我们的孩子成年时，他们的选择机会或许更多。‘守望相助，薪火相传’，今天我们守护别人的孩子，等将来我们老了不在了，希望还有年轻的喜憨儿父母接过这一棒，帮我们守护我们的孩子，一代一代，把这个事情一直做下去。”

2016.10.27，卓越城

“我不善交际，好朋友就那几个，还都在广州。在广州我自己租房后就养了条金毛，可我爸妈特烦养狗，放假我带回家，就那一次，我爸居然大发脾气，说我不顾及他的感受，我说把狗放到楼顶都不行。但我没放弃我的狗，已经养了三年，来深圳我也把它带来了。虽然它不会说话，但我们也有了感情，我把它当成家人。有时它会惹你生气，可每次看着它朝你扑过来，心里又很温暖。其实养狗并不是狗需要人，而是人需要狗。”

2016.11.02，深圳湾公园

“那时我们还是同事，接触了三个月我就觉得她就是那个对的人，毫不犹豫开始追她。当时她有男朋友，在国外，无论我怎么跟她示好、送什么东西，她都拒我于千里之外。下了班我想送送她，她理都不理，甚至表现出很反感。我想请她吃饭、看电影，门儿都没有。她还当面告诉我她对我没兴趣，我们俩是不可能的。但我还是没放弃，全力以赴，奋起直追。我给自己定了半年的期限，如果还是没戏，到时就放弃。就在那个时间节点快要到来时，她终于被我的真情感动，开始跟我接触交往，慢慢对我敞开了心扉。2012年我们结婚，2014年又买了房子，现在已经有了孩子。”

2016.11.02，深圳湾公园

“以前我在公司上班，整天坐在办公室，可心思根本不在工作上，做得很郁闷。对公司对自己，我觉得都有点不负责任。去年结婚后我辞职了，在家想将来我该干什么，想来想去还是很迷茫。有次跟人聊天，她说：‘其实做任何事都很累，但如果选自己喜欢的，再累你都会坚持。’她说得很对，我不能再那样机械性地去公司上班了。我对化妆很感兴趣，就跑去北京学了三个月。回来这三个月我在兼职做跟妆。化妆很辛苦，有时一天要站十几个小时，腰酸脚疼。可不管身体怎么累，我心里却一点都不觉得累，因为这是我喜欢的。现在我的技术还不高，但每次有进步我都会很开心，会萌生出一种成就感和幸福感。做化妆师让我很有动力，以后我还要继续进修，这辈子我就做这个了！”

2016.11.08，仙湖植物园

“父母都是农民，在四川老家种地，我14岁就离家外出求学，中专毕业来到广东，打工三年，存够了钱，又去考大学，大学毕业又回来工作。从18岁出来，我就再没用过家里一分钱，上大学花的钱也都是我打工挣的，每个月我还给家里生活费，出来17年，从未间断过，连我弟结婚生子都是我花的钱。我没觉得这有什么，这都是我应该做的，我爸妈我弟承担不起，就应该我来承担。我身上的故事太多了，我觉得我的人生就是一个传奇！”

2015.01.22，蛇口

“这是一只金毛和拉布拉多的串种。这种狗结合了金毛和拉布拉多的优点，最聪明了。这种狗训练得好的，能认红绿灯，会走人行道，能听懂人话，还会记路。什么地方你带它去一次，告诉它名字，下次你说去那儿它就能直接带你去。它性情温和，好训练，不咬人，不乱跑，当导盲犬是可以上公交车的。东北有个驯养基地，就是专门训练这种狗当导盲犬的。一只导盲犬，光训练费就要一二十万。你在街上看见盲人牵这种狗的，那都是大款，跟开辆宝马车差不多。”

“她今年5岁，生了两窝崽，第一窝17个，第二窝14个，特别能生。而且她特别会带孩子，一般的狗喂崽就是随便吃，她不，她看哪个弱小吃不到，专门用嘴把它拱过来喂。小崽子离她稍微远一点，她就拽过来，生怕饿着冻着。又会喂又护崽，最后成活率100%。这种狗真不是一般地聪明，早上我带它们去海边遛弯，有一次那只德牧不小心掉沟里了，怎么爬也爬不上来，它看见就不走了，趴到沟边，用嘴小心翼翼地叼住德牧的头皮，硬是把它给拽了上来。当时我就站在旁边，眼睁睁看着那一幕，心里感动得一塌糊涂。”

2015.08.23，中心书城

“您觉得中国人有趣的地方？”

“女士爱打太阳伞，而别国大都戴帽子。还有，我去哪儿都穿运动鞋，但这儿大家都穿凉鞋，我想可能是对你们的脚比较好。”

“关于中国人，您还有啥疑问？”

“我问得都差不多了。对了，在我们美国，如果挖很深的洞，人们会说：‘我要挖到中国去。’你们呢？你们挖洞时咋说？”

2015.09.05，大沙河公园

“我说你敢，你打他一下试试，他就推了我哥们儿一把，然后我先动的手，我们三个人打对方十几个人。结果肯定是我们吃亏了，被对方暴打一顿。我们三个咽不下这口气，买了砍刀，准备报复。这事被我弟知道了，告诉了我爸。我爸赶来调解，连哄带骗，最后不了了之了。那时候还小，在老家从没吃过亏，从不受人欺负，心气也高，天不怕地不怕，甚至以为自己两三个人打别人十几个人都能打得赢。等后来出社会，有了一些阅历，眼界也开阔了，才知道天高地厚，才知道现实不是你想怎样就怎样的，对自己也才有了重新认识，才明白人要学会克制，心气不能太高。”

“今天我学会了上下车儿，还学会了拐弯儿！”

2015.10.11，宝安体育馆

2016.01.01，银湖

“过去一年您生活中最大的变化？”
“我母亲患病去世了，我还没走出这个悲伤。”

“新的一年您们的新年愿望？”
“再生个女儿！”

2015.12.31，罗湖

“今年你最大的收获？”
“我在家带孩子，三年没工作。今年我恢复工作，重新找回了自我。”

“此刻你最牵挂的人是谁？”
“——父母。父母不在身边，只要他们身体健康，就是我的安慰。”
“你刚才犹豫了一下，第一个想到的人是谁？”
“一个朋友，他。”
“他知道你在牵挂他么？”
“嗯，他知道。”

2016. 01. 01，银湖

“年龄一大，你耗不起时间，拍拖你总会想着结婚，你会比较直接。可是呢，感觉现在的男生都不太靠谱，你关心他的经济条件，他会说你太现实，不够浪漫。总之就是没有朝着结婚那个方向去，就是想玩一玩。”

2016.01.01，银湖

“当时我练健身两年多，体重80多公斤，很健壮，我甚至想去做兼职健身教练。可是因为饮食不太科学，导致反流食道炎和胃炎，身体、睡眠变得很差，甚至精神抑郁，下半年我一下瘦了近20斤。今年我过得不太顺，不过最艰难的时期已经熬过去，我走出来了。希望今年赶快过去，新的一年是个新的开始！”

“你克服过的最大困难？”

“我从小胆子比较小，还有些自卑。其实我练健身也是想通过强壮体格，增加自信。现在经历了一些事情之后，我觉得自己心智变成熟了，胆子也变大了。我希望自信能随之而来，人会变快乐。”

2016. 01. 03，欧洲城

“你等一下采访我女儿好不好？她开车去了。她今年28，结了婚就怀孕了，生了孩子就离婚了，两个人价值观不同。现在我和他爸都挺好，最牵挂的是她。”

2016.01.01，银湖

“刚工作时我在北京，那时候既不阅读也不运动，也不跟人交流，太自我太封闭，经常会莫名地情绪低落，下班一个人坐在班车上就会掉眼泪。这些年我最大的改变，就是从一个内向、自卑、悲观的人，变成一个外向、自信、乐观的人。随着年龄和阅历增长，生活会进入一种状态，就是你发现你自己越来越好。”

2016.01.23，西丽

“在深圳这么多年，虽然我们没存到什么钱，但我觉得值，因为亲情比什么都重要，再苦再累，也要把孩子带在身边。”

“刚开始追我时，他只是跟我表白过，并没有要求我什么。我就问他：你知道我现在心里的想法吗？他说：你先别告诉我，我付出的还不够多，等你想说的时候再说。他打动我的是他的那种心态——不是说我追你，你就要答应我，而是先默默付出，不问结果。”

2016. 01. 23，西丽

2016.01.23，西丽

“父母都是老师，当时我研究生毕业，他们逼着我留校，可我不愿意当老师，一心要去外面工作。我进了企业，一做十几年，从技术到管理，从基层到高层，各个岗位都做过。积累到了一定的程度，我开始觉得教书更适合我，更能发挥我的经验和价值。毕竟从小到大耳濡目染，家庭的影响还在。所以，从走上讲台的那一刻，我就知道这个决定是正确的。”

2016.01.24，南山科技园

“常有人说：‘你给我画张画吧。’他们以为画画很简单，随时随地都能画，轻而易举，一挥而就。其实画画是一种艺术创作，首先要有积累，然后要有灵感，而且过程很辛苦，除非有特殊意义，我们才会送画给别人。而且，我本科学国画，研究生学版画，将来肯定要靠这个吃饭。它是劳动和付出，不是无私的奉献。”

“我奶奶今年88岁，以前我妈在老家照顾她，后来她岁数大了，我爸妈就把她接来深圳，和我们生活在一起。我爸是老小，有两个哥哥和一个姐姐，可他们推三阻四，不愿意赡养老人，我爸妈就独自承担。我爸妈任劳任怨，已经照顾我奶奶二三十年。对我影响最大的人是我爸妈，他们的孝顺是言传身教的。”

2016.01.24，南山科技园

“今天出门前我妈还专门嘱咐我过年一定要回家，可是春节我想陪男朋友一起过，所以现在我在想：如何才能说服我妈？”

“我学心理学、考心理咨询师，是想把自己搞清楚。我老是自己跟自己过不去，别人看着我挺好，可我自己心里老别扭着，各种不爽，各种纠结。比如考试考了95分，即使拿了班里前三，那也没用，潜意识里你会不断责怪自己：我怎么才考95分？那5分为什么没拿到？我为什么不能更好？”

“我对自己最不满意的，是我还不能接纳自己。如果我能接纳自己，也就不会有那么多不满意，也就不会再有其他问题。”

2016.01.25，中心书城

2016. 01. 24，地铁1号线

“我们一起来的深圳，她回去了，我留了下来，我们变成了异地恋。两个人不在一起，矛盾就会激化，异地成了最大的问题。我们谈了五年，还是没能走到一起。”

2016. 01. 24，地铁1号线

“刚工作时困难重重，我想过逃避，但我没轻言放弃，更没像别人那样跳来跳去，而是一份工作坚持做下来，现在我已经从中受益——这个月我刚刚被升为采购负责人，现在正是过渡期。以后就要独自承担责任和压力了，我正在努力适应和学习。”

“我希望自己每天都能进步一点点，每月都能不一样，每年都有成长。我没有特别远大的目标，我只是不想维持原状。”

2016.01.31，福田站

“我今天是专门来探索福田站的，没想到这么大！大，太大了！一眼望不到头，光出入口就有32个，一下连通了高铁和4条地铁线。我从连城走过来，400步，大概300米，才走了一半的一半。据说福田站是亚洲最大的地下车站，也算是一个新的城市景观，作为深圳市民，咱不得不来看看呀！”

“今天我本来是去公园的，临时拐到了福田站，没想到一圈走下来，热得满头大汗。今天跟平时还不一样，平时你专门来这里，会觉得要抽出一大块时间，今天是忙里偷闲。而且平时工作生活各种杂事，手机响得欢。现在都放假了，老婆孩子回了老家，你可以心无杂念，静下心来慢慢地走、细细地看。”

2016. 01. 24，地铁1号线

“我想象过：如果弟弟康复，变回一个正常的男孩，现在他应该在读大学。他画画很好，也许他在读艺术生。他会像同龄人一样，要谈恋爱，要买学习用品，买手机、衣服、各种东西。虽然我现在赚钱还不多，但要满足一个男孩子的生活需要，还是可以的。可是，这些对别人来说最最普通的，现在我们却都做不到。”

“前两天我们还吵过架，可第二天早上一看见他给我洗好的衣服，我马上气就消了。”

“之前我们一直有通电话，快到的前几天，我不敢再打了，我怕按捺不住那种心情。最后一天路程很赶，我说我会很晚到，让她等我电话。一到拉萨，放好行李，我就骑车去了布达拉宫。那里很神圣，而我说的话是发自内心的，我希望它能为我作证。那天是7月2号，晚上12点，我在布达拉宫前面向她表白的。

“你是如何表白的？”

“我跟她说：‘我喜欢你，我们在一起吧？！’”

“不对，你没有说你喜欢我，你说：‘丫头，做我女朋友吧？！’——我们是高中同学，虽然十多年没在一起，但一直都有联系。因为太熟了，当时我根本就不相信，我猜他肯定是跟人打赌打输了，故意逗我呢。他藏得还挺深的！”

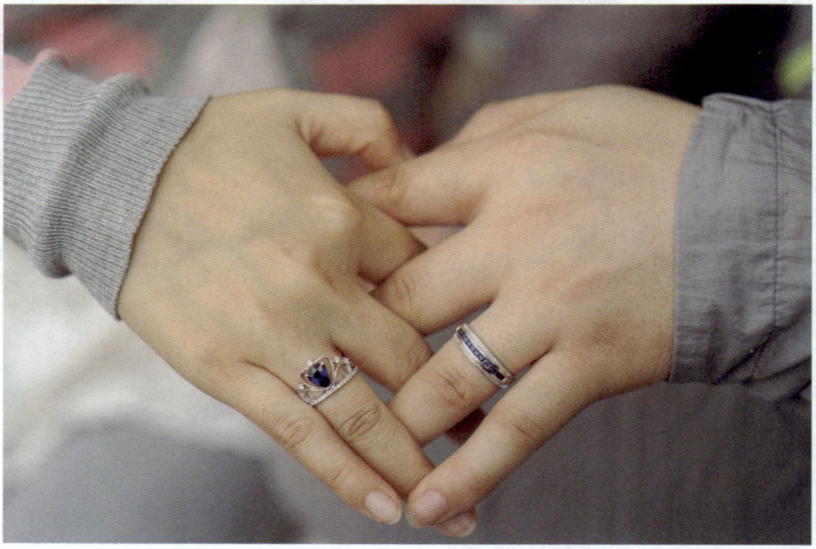

2016.03.05，莲花山公园

2016.03.05，莲花山公园

“项目在投标，我在等结果。一中标就又要去忙了，一忙又是一整年。所以我得趁现在好好休息一下，一忙起来可完全不一样。我们是做建筑工程的，我是个项目经理。这次是个大工程，一开工就要抢工期，项目经理的压力很大，要操心的事情很多。现在的工人管理起来比以前可难多了，以前的工人比较听话，有活干、有钱赚就知足了。现在的工人心态不一样，活要轻松，工钱要高，后勤什么的都要做好。现在的管理讲人性化，你对工人好，工作上才有回报。”

“2001年彩田村的公务员小区就是我们做的。它是省样板工程，要求很高，文明施工，管理规范，我们还接待过国内外很多人参观。后来每家每户做满意度调查，目标94%，我们成功达标。从业20多年，那是我做过的最严格最规范的工程。为了把项目做好，他们不用抢工期，所以那也是我做得最开心的项目。”

2016.03.05，莲花山公园

“咖啡是我领养的一只猫，因为带它回国比较麻烦，本来我要把它送人的，可我又很怕它的下一任主人留完学也像我这样，又把它送人，这样下去，我怕有一天它会被丢掉。我就带它做检查，开健康证明，去美国进出口检疫局盖章，各种繁琐，我都一一克服了。现在我越来越觉得带它回来是对的，幸亏我没把它丢下，变成一份牵挂。”

“我做过的最正确的决定就是出国。从小到大，包括上大学，我就没怎么离开过家。在爸妈眼里，我还是个小孩。而出国读硕，我要自己打理上学、生活的各种事情，自己在美国租房子、买家具、买车、买保险。等到放寒假回国，爸妈一下子感觉我成长了好多。现在我来深圳工作，他们也来看过，看了我租的房子，看了我现在的生活，他们终于放心了。”

“你拍照能不能快点？！”

2016. 03. 06，罗湖

2016. 03. 06，地王大厦

“我家在村里一个偏僻的角落，那儿就我们一户，孤零零的。我爸在外打工，我们兄弟姐妹四个，三个在外读书。明年最小的弟弟也要出来读书，家里只剩下妈妈一个人了。妈妈很内向，不会去交朋友，所以我很担心，担心以后妈妈一个人在家会很孤独。”

2016.03.06，万象城

“我刚从成都过来，来深圳发展。我是成都人，在成都上学工作八年，好的、不好的回忆都有。成都是个休闲之都，我觉得我不应该就待在那里，我应该趁年轻，正青春，去外面看一看，闯一闯。我来深圳，就是想换一个环境，挑战一下自己，尝试一下新的可能。我不知道结果是好是坏，但是既然来了，就赌一把吧！”

“一句话描述你的性格？”

“倔强。我认定的东西，别人改变不了，除非我愿意，才会去转那个弯。我的座右铭：自己选择的路，跪着也要走完。”

“年轻时去的新疆，石河子，生产建设兵团，待了20多年。1993年退休，来了深圳。我们有养老金，钱花不完，就出去玩，哪里好玩去哪玩，几个女儿家轮流转。我五个女儿，老大在新疆，老二在香港，老三在深圳，老四在澳大利亚，老小在台湾。”

“小伙子，你帮我看看，下面这一团，这是什么东西？怎么样才能把它摁没？”

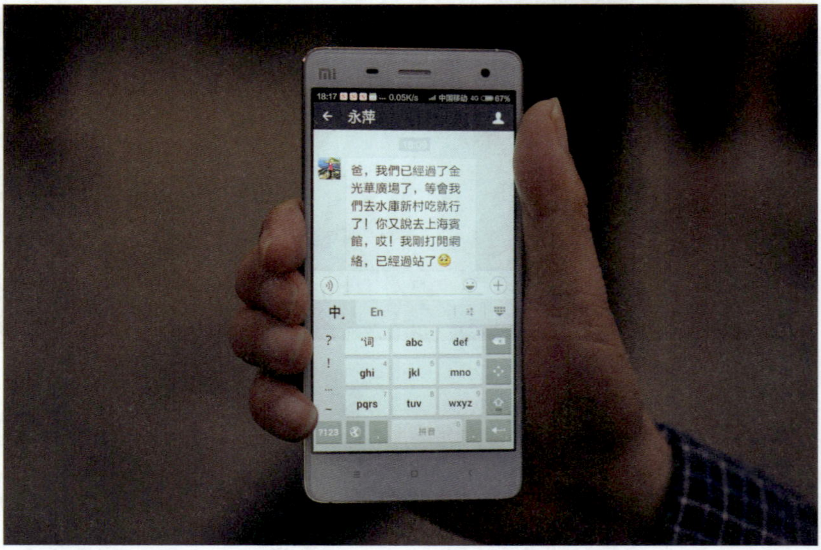

2016.03.06，罗湖

“我们就像老鼠出街，处处都得躲着猫。”

“我算是比较拼的，光深圳公司两千多人，我排到过全国第49名。上个月31天，我一天没休息，每天15个小时，三四十单，跑三瓶电。系统显示我跑了近1000公里，算上它没计的，上个月我跑了至少1500公里。每天50公里，不让跑电动车，自行车谁受得了？！我都想好了，被他们抓了，要车就给他们，人不能被扣进去。不说了，每个人的立场都不一样，制定政策的肯定有他们的考虑，但是，希望为劳苦大众考虑得再多一些。”

2016.04.02，华强北

2016. 04. 02，华强北

“我们来自尼日利亚，来参加华为的培训，通讯方面的，为期三周。”
“一句话介绍你的祖国？”
“尼日利亚是非洲第一大国，人口，还有经济。尼日利亚是非洲的巨人！”
“给中国或中国人一个建议？”
“看这里的基建设施，还有中国的发展，你们是好样的！保持下去！”

2016.04.02，华强北

“你克服过的最大的困难？”

“一颗心，一颗坚定的心。深圳这个城市，多少人来了，多少人走了。刚来的时候，谁都挣扎过、犹豫过，你得有一颗坚定的心，才能坚持下去。相对来说，这里提供了一个比较公平的平台，适合一些没有背景的人。只要你肯努力，就会有回报，生活也会越过越好。”

“你经历的事情多了，就会明白一个道理：很多事情，它不会无缘无故地来，它来了一定有它的道理。你困不困扰，生活都还要继续，你开心是一天，不开心也是一天，那为什么不积极乐观一点去面对呢？而且，它来了不会白来，一定会给你带来一些东西，至于这些东西是好是坏，最终取决于你自己。”

“那是我出来的第一份工作，他们是做儿童艺术培训的。当时说得很好，会教我钢琴，帮我考级，可我进去一个月，老板就走了，又一个月，带我的老师也走了。她走后告诉我：他们招我，就是想找个垫背的，好把店转出去。他们转了一年，终于脱手。临走时我们还吃了个饭，吃完饭我一路哭着回去的。那天下着小雨，好凄凉，我心里真是五味杂陈！我想象的不是这样的，我想象的是跟他们好好学钢琴，将来当钢琴老师，结果一个月不到，变成了绝望。他们一走，所有的事情，排课、教课，一下子都丢给了我。一百多个孩子，我只认识十个。家长不满意，骂的也是我。接手的新老板很年轻，什么都不懂，他贷款十多万，就是想接一个店，然后好好干。他们走的当天我就想走，但我不能走，我知道那种感受——他们走了，对我的打击很大，我如果走了，新老板不就完了吗？我又做了五个月，一直做到情况好转，交接给新来的，我才离开。”

2016.04.03，下梅林

2016.04.03，下梅林

“一直想对他说，但还没说的话？”

“赶紧结婚！也不是没说过，说过，但不常说。”

（男生讲完电话）

“我问她一直想对你说的话，猜猜她说了什么？”

“结婚，娶我！我们已经在计划了，快的话今年年前，慢的话今年年后。她肯嫁，我就肯娶！”

“两个人在一起克服过的最大的困难？”

“年龄问题。我比他大四岁，我们老家又在潮汕地区。主要是我父母，从一开始不同意，到后来变成默许。当然，我们也有争取——自己要为自己考虑，自己的幸福别人不能代替。”

2016.04.03，梅林水库

“原来我在香港一家大国企，待遇优厚，但也有它的残酷——在你好用的时候，人家会使劲用你，等你过了巅峰年龄，再往前看就是下坡路，甚至越走越没路。35岁那年，我辞职下海了，我想趁年轻，还有能力做出选择，为后面的人生铺路。人啊，要有‘置之死地而后生’的勇气，选择了一条路，就要义无反顾。”

“天道酬勤。一个人，只要你勤劳，一定有收获，只是大小不同而已。如果你方向对、方法对，收获应该会大点。当然也讲运气，但不是运气决定一切。运气要基于你的努力和积累，否则运气从你眼前过去，你都不一定知道。即便你意识到了，你也根本抓不住。要想抓住它，你得有所准备，你得是这块料。”

2016.04.03，梅林水库

“我不太习惯表达自己，但我经历挺多的。我初中毕业就出来打工了，当时16岁不到，连身份证都办不了。现在我有自己的旅游公司，给你看，我的微博有认证的。生活和工作中我完全是两个人：工作中我是总经理，女强人，很干练；生活中别人说我智商很低，很孩子气，喜欢所有粉色，家里全是Hello Kitty。为什么我特别喜欢这些东西？一是小时候缺这些东西。我老家在湖北黄冈，浠水，闻一多的故乡。那时候在农村，哪有什么玩具？五六岁就要在灶台前搭个小板凳烧柴做饭，自己洗菜自己淘米。二是自己一个人在外面生活了十几年，那些温暖的东西算是给孤独的内心一个安慰吧！。”

2016.04.04，老机场

"俺不光是头回来深圳，俺还是头回出来打工。刚出来没几天，真有点不习惯，顿顿吃米饭！这不是还没赚到钱么？等赚到钱，出来租个小单间，再买个锅，想吃面条下面条，想吃馒头蒸馒头。"

2016.04.04，老机场

“趁假期来看看她，就在这附近转转。腊月二十六我们刚结的婚，现在我在深圳最东头，她在最西头，一个月我们能见一两次面。等会我就要回去了，先坐地铁到深圳北站，再坐高铁到惠州南，然后再坐公交回大亚湾。”

“我父亲脑溢血，半身不遂，十个年头了，我家就靠我母亲种了六七亩地。按说我这样的情况，找对象都困难，但当初我把她带回家，她看到我家那么简陋，也没说什么。我们恋爱后，我给家里打钱，她也从不说我。我父母常对我说，要我一辈子对她好。”

2016. 04. 04，老机场

“深圳一进入雨季，我们就特别紧张。一有雷雨，航班就会延误，一延误就有乘客不理解，乘客有了情绪，总要发泄出去，虽然责任不在地勤，但我们就在他眼前，首先被骂的就是我们。我们能做的就只有解释，解释再解释。刚从校园出来时，一天被几百个人指着鼻子骂，下班回到宿舍，心里特别憋屈。”

“在机场做地勤半年，天天那么多乘客从眼前过，可我还从没坐过飞机。那次回家，我决定也当一次乘客，体验一下那种坐上去飞起来的感觉。第一次坐飞机，新鲜极了！检票登机的那一刻，我激动得手发抖；加速起飞的时候，我的心跳也跟着一起加速；上去后我一直在看，看天上的云，看机上的服务，一路上都没舍得闭眼。”

2016.04.25，松坪山

“一大早就过来面试，笔试、面试都过了，前边都挺顺利，最后体检出了问题——要求身高一米六，我一米五九，差一公分，没录取。”

“我出来七八年了，在工厂做过，在酒吧做过。要说在工厂有什么积累？真的没有。在酒吧也就是见过那些有钱人是怎么花钱的，可这又有什么用呢？有钱人都是跟有钱人一起玩，没钱人还是跟没钱人一起混。像我们这种在工厂做工的，身边都是这样的人，想法也都差不多，如果没什么特别的机遇，一辈子也只能这样了。”

“我在写论文，关于中国近现代史的，写了一上午，遇到瓶颈，写不动了。刚好看到海报上的泡泡纸，索性来捏一捏，减减压。”

2016. 05. 01，香港中文大学（深圳）

2016.05.01，香港中文大学（深圳）

“一到大学，一下松了。以前追求的成绩啊升学啊一下变淡了，突然间你变得很自由，有了很多独处的空间，结果人就很迷茫，整个懵着，不知道自己要干什么。不过我已经好多了，我对自身有了一些要求，我想让自己在思想、阅历、人际交往上都能有较大的提升。我觉得我应该开始享受自己的大学生活了。”

“你目前最大的心愿？”
“找个‘男票’！我好可怜哦，我到现在都还没谈过恋爱呢！”

“我家在厦门，小时候我妈妈在宜家工作，我常去她办公室玩儿，所以宜家的很多新产品，在还没上市的时候我就先接触到了。那时候觉得那些东西新鲜好玩极了，现在都成了美好的回忆。我觉得将来我肯定会去宜家面试的！”

“那是第一堂课，刚好我们就坐在了同一张桌子，于是她们俩就成了我在学校最初认识的人。然后我们又一起去图书馆，一起吃饭，慢慢就熟了，成了最好的朋友。如果当时我没坐那张桌子，而是坐了别的桌子，可能现在跟我相处的人就不是她们俩了。我觉得这很神奇！它有很多种可能，但是这种可能就发生了。”

2016.05.01，香港中文大学（深圳）

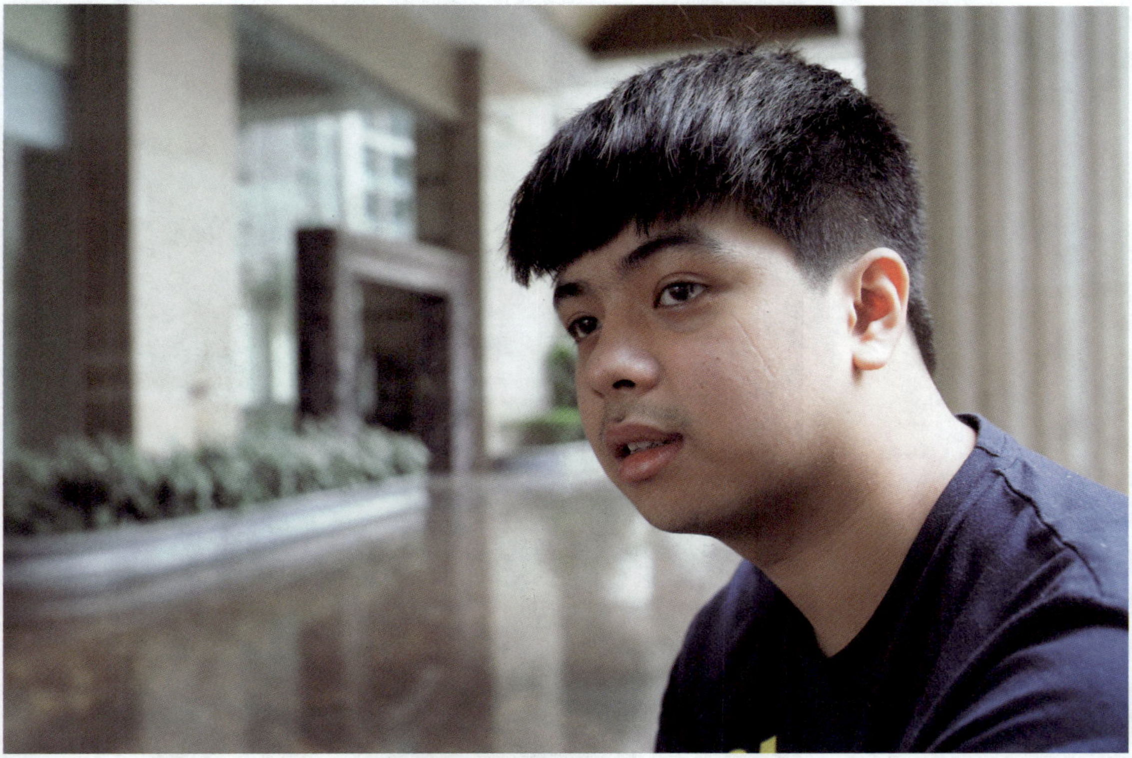

2016.05.02，石厦

“你克服过的最大的困难？”

“上学。主要是我自己的心理斗争，接纳还是不接纳？我成绩不太好，本来想初中毕业，在外面混一下，然后就去跟家人做玉石生意。没想到初中毕业，我爸妈让我上高中。高中毕业，又让我上大学。现在我上了大学，过两年他们不会又要我上研究生吧？！”

“你做过的最出格的事？”

“考上大学后，家人回老家请客，饭局上有人说：‘又不是什么好大学，请什么客？’我发火说：‘我自己努力考来的，为什么不能庆祝一下？’还有高考填志愿，家人觉得女孩么，随便读个大学就行了，让我留在广东。但我就想出去，我担心如果大学四年我还不出去，以后整个人生就只能局限在这里了。”

2016.03.06，罗湖

2016.05.22，竹子林

“关于未来，问一个你最想问的问题？”

“我有很多纠结的问题，比如房价。深圳是不可能了，将来我还能不能靠自己的能力，在老家买一套属于自己的房子？”

“我很迷茫，感觉现在做的都是在混青春饭，我该选择哪个行业才能长久发展下去？”

“我还单身，我就想问问自己什么时候嫁人？！”

2016.06.11，皇庭广场

“现在乌克兰在打仗，很不好。在乌克兰我上的很好的大学，我有两个学位，舞蹈方面的，我能跳各种舞：古典舞、hip-pop、探戈、拉丁，既能跳，也能教，可是在乌克兰我找不到工作。我妈妈是妇科医生，以前每个月收入两三千，我说的是合人民币。可是这两年一打仗，你知道她现在一个月收入多少？300块！人民币300块！真的，我骗你干嘛！”

“昨晚我跟人打了一架，在酒吧，他们的女朋友跟我跳舞，他们不喜欢，先动手打我，五个人打我一个。小时候我练跳舞，小伙伴们说我是gay，我就又学了跆拳道。跆拳道我有黑带，所以别看他们人多，他们打不过我！”

2016. 05. 22，竹子林

“我属于那种慢热型，生活中的点点滴滴，细水长流，慢慢才会被感动。印象比较深的是有一次我生病，他陪我去看医生。我们在医院弄到凌晨一两点，他一直陪着我，直到检查结果出来，没事，只是一场虚惊。当时我们好开心，紧紧地抱在了一起，那一刻我最被触动。”

“我们是俄罗斯人，西伯利亚的，不是乌克兰。深港澳车展，三小时前下的班。明天最后一天，过来看我们表演！”

2016. 06. 11, 中心城

2016. 11. 21，福永某公司

“原来我们公司只有我们两位股东，我是董事长。2011年我看了经营之神稻盛和夫的书，对他的观点很认同，我也认为应该把员工放在第一位，让员工也能分享公司发展带来的红利。2012年我们两位股东一合计，决定拿出近30%的股份，对骨干员工进行股权激励。那之后我们公司的组织架构和经营模式发生了翻天覆地的变化。财务方面一公开，以前那种老板和员工谁也不相信谁的现象几乎没有了，员工的主观能动性也提高了很多。所以你问我做过的最正确的决定，就是大大方方给员工开放股权。现在即使我半年不在公司，不过问公司事务，公司照样正常运转，不会出任何问题。当然，这几年我们每年都会给大家分红，让大家在物质上有好处，在精神上更幸福。”

“刚开始跑步时，我只是为了锻炼身体、挑战意志，后来它慢慢成了我独立思考的最好方式，成了我平时工作中都很难得的反思的时间。作为公司的董事长，每天都有很多人找你，你要给员工解答很多问题，但你给自己解答问题的时间却很少。所以每次跑步我都会先问自己一个问题，然后一边跑步一边思考。比如公司即将做出的一项重大决定是否正确？自己到底是出于私心，还是真的为公司好？有这么一个独立思考、冷静反思的时间真的很好，有时候就这么想一想、缓一缓，有些事就会发生变化，原来你心里怎么都过不去的那道坎儿，也许缓一缓就不是个事儿了。”

2016.11.25，科技园文化广场

“大学四年我一直在做兼职，基本就没花过家里的钱，那时一个月生活费八百，我一个月能挣五千。毕业后我打了半年工就开始创业，但因为工作时间太短，没什么人脉资源，接触的人职位都较低，对我很难有所帮助。为了拓宽业务渠道，我从客户公司的最基层开始，慢慢接触职位更高的人，这可比在大公司打工难多了。创业开始那两三年，虽然辛苦，也没赚到什么钱。现在看来，我创业的时间太早了，如果在大公司做多几年再出来，也许会容易很多。”

“目前我跟人合伙开IT公司，虽然比所谓的IT男交际范围广，但大家也只是生意上的往来，私下交往并不多。刚来深圳时因为年轻，你很乐意去拓展自己的圈子，结交三教九流的朋友。后来随着年龄增长，你所在的行业、圈子和层次都会慢慢固化，私下来往的朋友就那几个，很难再找到新的朋友。我越来越发现：在深圳待得越久，认识的人越多，圈子反而会越窄。”

“我是潮汕人，因为生意关系，平时接触的都是一些大老板，有些比我还年轻，却比我能力更强、赚钱更多，跟他们在一起久了，感觉自己很low。在深圳，一年挣几十上百万也只能算中下层，而我在这里已经奋斗了五年，虽然有了自己的公司，也买房娶妻生子，但我觉得自己的成就还远远不够，我一直在想：我如何才能挣更多的钱？”

2016.11.30，深圳湾公园

“咱们传统是生完孩子坐月子，坐完月子才出门，可我生了两个孩子都没怎么坐月子：老大是顺产，第二天我就洗澡洗头，生完十几天我就出门了。老二剖腹产，第三天出院，第十天逛公园，生完十多天我们过年开车回云南。你看国外也没说有坐月子的，也没听说就怎样了。我觉得不用刻意去做，自然而然就好了。”

“孩子很相信：她许个愿，我们给圣诞老人打个电话，圣诞节就会有礼物给她。圣诞节快到了，老大本来想要个芭比娃娃，可她听说我的耳机丢了，就跟妈妈说：‘你给圣诞老人打个电话，就说芭比娃娃我不要了，让他给爸爸买个耳机吧！’”

“老二很会察言观色，一看到大人脸色不对，就跟你撒娇。她说帮你洗碗，实际上是想到洗碗池玩水，我说她：‘把袖子衣服弄湿了，妈妈会发火。’你猜她怎么说？她说：‘我是消防员，我会灭火。’她这么一说，再大的火你也发不出来了。”

2016.12.01，宝体五颗星美育

“孙子孙女是对龙凤胎，在这儿学画画，每次我们大人在外面一等就是一两个小时。哎，这儿就开了个老画童班，让我们一边等孩子，一边也能学画画。儿媳妇知道我喜欢美术，就说：‘妈，咱俩都报个老学童班吧？这样等得不无聊，您也有个爱好和乐趣。’我说我过得很充实啊，每天接送孩子上下学就要跑四个来回呢，这就是我的生活，这叫天伦之乐。而且我总觉得油画嘛，很高大上，离我太遥远，我都68了，还学得了这个？我说不学，儿媳妇就背着我交了钱。三节课下来，我临摹了一幅梵高的《向日葵》。虽然画得不好，但我很开心——我也能把一张白布画得五颜六色、五彩斑斓了！”

“临摹了半年，老师就让我自己创作，我还以为开玩笑呢，我这两把刷子能行吗？回家跟儿子儿媳一说，他们很支持，可我大脑还是一片空白。后来老师一启发，我想起了记忆中那些美好的场景：小时候跟小姐妹们在河边洗衣服，对岸来了一头梅花鹿。还有儿子小时候，跟他的小伙伴在河里玩水嬉戏。我画得还不够好，但它充实了我的晚年，让我从中得到了一份宁静。这亲手绘制的每一幅画，让我仿佛回到了当年，天真烂漫的童年，意气风发的壮年。”

2016. 12. 02，南山茂业时代广场

“原来我在深圳开公司做生意，每天陪客户陪朋友，灯红酒绿各种应酬，每次都喝很多酒，一玩玩到后半宿。回到家两个孩子都睡了，第二天他们都出去了我还没睡醒。六年，很少陪孩子陪家人，也没时间锻炼，身体长期处于亚健康状态，不是腰酸就是背痛，感觉越来越累。2014年我卖掉公司股份，一家四口移民去了澳大利亚。在那边应酬少了，经常打球、跑步、骑单车，身体好了很多，也有时间陪伴家人、享受生活了。在深圳时，老婆在家带孩子，我在外面聚会应酬，不是谈商业计划就是项目合作。而在澳大利亚，聚会都是以家庭为单位，去哪儿都是一家人，大家也大多是聊家庭聊生活。我的生活方式和家庭观念完全变了，我觉得这才是我想要的生活。”

2016.12.03，坪山金茂园大酒店

“我5岁半学国际象棋，13岁获得全国青少年亚军，成为国家一级运动员，后来又被招进国家少年队。在队里我一直是中游水平，很难成为顶尖选手。而且，做职业选手就必须放弃学业，但我又很喜欢学习，我就去上了大学，学金融证券。毕业后我还是进了中国棋院。后来我又去了澳大利亚读研。不过现在我并未做金融，仍继续从事棋类事业，与中国棋院合作，做棋谱、棋评，以及涉外翻译，我还参赛，也做教练，这次是带选手来参加比赛。”

“关于职业棋手，有什么是别人不知道的？”

“大家都以为下棋一坐几个小时，是纯脑力运动，实际上下棋既要脑子转得快，体力也要好。高水平的比赛，上下难分之时，会很考验你的计算能力，而如果你身体虚弱，精力跟不上，思维就会混乱，后期对局很容易出错。国外高水平的棋手都非常注重体育锻炼，就是为了能有足够的体力，以适应高强度高压力的比赛。”

“从小到大我都很争强好胜，甚至有些偏激，总觉得人生生而为赢，社会就是弱肉强食，成功才有价值，失败者没任何意义。去年在澳大利亚读研究生时，因为沉迷于炒股，最后一学期全不及格，我再没心思学习，不得不申请休学。原来我非常自我，只顾发展自己，甚至觉得家庭生活都是一种牵绊，去澳大利亚就是想自己留在那里。可当我在澳大利亚买房付完首付却贷不到款时，我舅舅卖掉了自己的一套房子，鼎力支持我，这时我才知道在你危难之际，谁才会帮你。学业的惨败和亲情的支持，让我的价值观受到了很大的冲击，我开始学会面对自己的平凡，而且要在平凡中活出意义。”

附一

人在深圳

——可以长久倾听的瞬间

晶报记者　李文舒

6月的雨，来得快，走得也快。

为了不耽搁拍摄计划，刘振金总会在外出前想好备选方案。

11日午后，天晴却极闷。那天，刘振金像往日一样，在大致想好拍摄目的地后，跳上一辆公共汽车。上车后，突如其来的阵雨，让玻璃窗上镶满了豆粒儿大的雨珠。街边掠过的绿树、斑斓的建筑、各式的行人，在水雾和雨滴的映衬下，被拉得很长，划出一片片五彩斑驳的景致。

在刘振金眼里，自2014年7月起拍摄“人在深圳”系列作品并发表在微博上后，他的生活也在眼前流动了起来。

从那时起，刘振金几乎每个周末和节假日都是在这样的拍摄中度过的。出现在他镜头中的1000多个深圳人的故事，被深圳报业集团出版社编辑成书，在这个夏天出现在深圳各大书店的书架上，书名就叫《人在深圳》。

“你好，我能给你拍张照片吗？”

下车后，雨未停。

刘振金下意识地将挎在右肩的相机拢到胸前，双手护着镜头，顺着广深港客运专线福田站3A出口，快步走进了亚洲最大的地下火车站。

“你好，我能给你拍张照片吗？”刘振金微微倾了倾身子，对着看起来并不匆忙的路人，温和并直截了当地问了一句。

“啊？”“为什么？”

“我在拍深圳各行业的普通人，我是个自由摄影师，我每个周末都会拿着相机在深圳街头到处走，给每个普通人拍张照片……”刘振金一边介绍，一边拿出手机展示微博内容。“这是我做的一个人文项目，我已经拍了快两年了，拍了1000多人了，我希望别人在这个平台能看到深圳有哪些普通人，了解他们的所思所想所作所为，从而了解这个城市。”

……

深圳常住人口有1000多万，人与人相遇的概率只有千万分之一。

不过，在刘振金的世界里，大约一万个深圳人中，就会有一个曾对着他的镜头或哭、或笑、或失落、或憧憬。10个人中就有7个人接受他的采访。

从2014年7月开始，每当工作之余，刘振金就会从外企经理，变成一名街头自由摄影师。近两年的时间，他利用周末和节假日，走遍了深圳的大街小巷、地铁车站、公园商场，随机采访和拍摄，倾听最普通的陌生人的故事。同时，他将每一次的拍摄都浓缩成一张照片，将每一次的谈心都萃取成140字以内的文字，发布在名为“人在深圳”的微博上。

在他的镜头里，有不同年龄层、不同行业，来自不同地方，甚至是不同国家的人。在“人在深圳”的微博上，2200余则微博，收藏着普通人的喜怒哀乐、酸甜苦辣、成败得失和悲欢离合。

他，与他所记录的深圳人，共同拼凑了一张有温度的深圳人文地图。

“每个人身边都需要一个倾听者”

2010年，对于刘振金来说是黑色的。

那一年农历七月初四，母亲撑起的那片天空坍塌了。无论怎么呼喊母亲的名字，都不再有人应答。

母亲离去后的夜总是又黑又长，为了消磨漫漫长夜，刘振金将《三国演义》听了又听，但对其中的故事和情节却全记不得。短短半年，刘振金多半的黑发变成了白色，听力也没之前敏锐了。

日子一天一天过去，刘振金对母亲的思念就像千万只蚂蚁一样啃噬着他的身体。那时，他找不到倾诉的出口，觉得人生的这道坎儿就是过不去了。后来，直到去看了心理医生，他才愣是把这道坎儿跨了过来。

"有些话是要说出来的。"经历过这段难挨的日子，刘振金发觉"每个人身边都需要一个倾听者"。因为，有些话，有些事，你不会讲给父母听，怕他们担心；不会讲给朋友听，怕他们误解；甚至不会讲给爱人听，怕他们失望。反倒面对一个陌生人，没什么利害关系，你会毫无顾忌，畅所欲言。

"每个人身边都需要一个倾听者。"——这便是刘振金开始做"人在深圳"的初衷。他期望，"人在深圳"，可以为曾像他一样迷茫困惑的年轻人，带来一点如夏夜般的温暖。

"你做过最正确的决定是什么？"——"来深圳"

"最大的心愿是什么？"

"你做过的最正确的决定是什么？"

"你身上发生了什么特别的经历？"

"你目前最大的烦恼是什么？"

"你犯过最大的错误是什么？"

"你最难忘的一件事？"

"你最有成就感的事情？"

……

一连串的问题，看似平淡而简单，却是刘振金在街头随机拍摄和采访时的破冰之语。

"你做过的最正确的决定是什么？"

刘振金最常听到的回答是："来深圳。"

2000年，深圳在刘振金脑海里是个灯红酒绿的地方。但是真的来到深圳，他却发现深圳和他想象的不一样——人人都踏实做事，到处是一片飞速发展的样子。那一年，原本在结束3个月的培训后，刘振金就要回昆山的，但是他却留了下来。那时的深圳，对于像刘振金一样的年轻人而言特别有奔头，因为他们知道只要好好工作都会发展得不错。

16年过去了，刘振金已在深圳成家立业，女儿也在前不久会叫爸爸了。但是，他却在拍摄的过程中发现，很多年轻人要走了。

“我要走了，准备去成都发展。我在深圳12年，可依然买不起一套房子，依旧找不到归属感……”在公园里，一个面容清秀的女生对刘振金诉说着。

深圳湾畔，一个孤寂的女孩望着远处被落日染红的海面。“我刚辞了职，准备回老家。在深圳这么多年，我竟然从来没有来过红树林！今天我本来要去东门，临时起意来了红树林，没想到这儿面朝大海，视野这么开阔……临别之际，我才发现我对深圳的感情很深很深……”

“有些东西你很想得到，但是又没能得到，而且你很清楚你这辈子就此错过了。”

凤凰山，在太行山向华北平原过渡的地带，是太行山最后一道山梁。往东南方向可以看到一马平川的华北平原，往西北，可望到十几公里外的太行山。刘振金的家乡就在那儿——河南省新乡市凤泉区分将池村。

上世纪八九十年代，《城南旧事》《霸王别姬》《阳光灿烂的日子》等影片的热映，不仅让村里的青少年对未来有了更多思考与憧憬，更在刘振金心中种下了一颗梦想的种子。为了实现演员梦，刘振金曾在1995年和1996年连续报考中央戏剧学院表演系。第三年，他还想考，可是超龄了。无奈之下，刘振金只得报考另外一所大学，填报了一个在当时听说过、能看懂的专业——摩托车与汽车。谁料报到一看，竟变成了“汽车与拖拉机”。

就这样，刘振金怀揣着一颗文青的心，学起了“汽车与拖拉机”。

“那是人生最初的理想，是那个阶段最根深蒂固、最强烈的愿望。当时就觉得非要这样，才能实现人生第一个阶段的价值，才能幸福。但事与愿违……有些东西你很想得到，但是又没能得到，而且你很清楚你这辈子就此错过了。” 刘振金从未想过，20年后，有人却道出了他当年的想法。

一位年纪与刘振金相仿的女士，分享了她最纠结的事——“我是学英语的，当初我应该可以上北外的，但是高中谈恋爱了，然后成绩下滑，没考上理想的大学。后来我经常做梦，梦到我又回去复读，考上了理想的大学……”

“往往别人说出的感受，实际上也是我的心情”

宋少帝陵，北依小南山，南临伶仃洋。每到清明时节，回不了老家的人都愿意来这儿走走，祭奠亲人，寄托思念。

去年，农历七月初四前夕，由于妻子临盆在即，刘振金不能回到分将池村祭拜母亲。他就想着去宋少帝陵看看。

樊小姐穿着黑底白花的拖地长裙，双眼微闭，神情肃穆，持着香的双手刚好在额头处停住。“5年了，但我总觉得父亲没走，他还在，一直都在。我发愿带着父亲走，我在哪里，父亲就在哪里。”

刘振金在征得樊小姐的同意后，记录下了她烧香、许愿、合十等上香的全过程。按着快门，听着樊小姐对她父亲的思念，刘振金仿佛看到了自己。“她说的话，跟我对我妈妈的心情一模一样。”在送妈妈入土时，刘振金曾对妈妈说：“一定要跟着我一块儿走，将来我到哪儿你到哪，我看到什么，你就能看到什么。”他希望，妈妈可以站在他的肩膀上，跟着他去看山看水。

那一天，刘振金只拍了樊小姐一个人，却拍了200多张照片。

“大概每一百个来深圳打工的人员中，就有一人是曾经的留守儿童”

除了女儿出生的前后三周，刘振金每个周末都会出去拍“人在深圳”，少的时候半天拍5个，多的时候一天拍12个。拍这么多人，跟这么多人聊天，听这么多故事，刘振金知道街上来来往往的人，他们大致做什么，想些什么，甚至有什么共性。“比如说留守儿童，就是缺爱。”

“父母在外打工，我是爷爷奶奶带大的。”小陆跟父母一起生活得很少，每年只有快过年才能聚在一起，感情自然也就不深。直到长大懂事，她才感觉自己也是有父母的。在小陆的记忆里，父母不曾出现在她的生活中，但是她却期盼着全家人齐齐整整一起生活的日子。然而，去年过年，爸爸一句“我跟你妈要离婚了”，让这个梦想变得遥不可及。

现在是和平年代，不像战争年代有死伤。但就是这样的年代，对有些人而言，和父母一起生活的梦是一辈子都实现不了的。“很多来深圳打工的年轻人有这样的困惑。”刘振金从未刻意去拍留守儿童，但是在近两年的随机采访中，他已经拍到了八九个曾经的留守儿童。按照这样的比例，大概每一百个来深打工人员中，就有一人是曾经的留守儿童。

看着被放大的数据，刘振金略感无奈。他深知，对个人成长来说，这是爱的缺位。对国家来说，这是沉重的命题。

“我小时候爸妈就出来打工了”“我是留守儿童，只知道爷爷奶奶，都不知道有爸爸妈妈”……5月23日，刘振金将拍到的部分留守儿童，在微博“人在深圳”上做了一个专题，每一个都是一张照片配一段简短的文字。其实，刘振金从不喜欢给受访者“贴标签”，更怕给人定性。因为，“那个人此时此刻是这样想的，是这个状态，也有可能明天就不是这个状态了。”但是，留守儿童却不一样，这是一辈子的伤疤。

“深圳就是一个一个村子，一个一个wifi热点”

近两年的时间，刘振金带着相机基本走遍了深圳的大街小巷，也勾勒出了一张自己心中的深圳地图。相对于平安金融中心、地王大厦等“高人一等”的地标建筑，静谧的公园、散落的城中村才是他的坐标。

荔枝公园、中心公园、莲花山公园……深圳有889个公园，其中大部分都有刘振金的足迹。因此，公园是刘振金心中的第一张深圳地图，也是除了街道外他拍摄最多的地方。

“深圳就是一个一个村子，一个一个wifi热点。”刘振金的第二张地图是深圳的城中村，他认为深圳是由一个个村子粘合而来，无数的外来人口就像手机连接wifi一样，扎进了一个个的城中村。

在还没拍“人在深圳”的时候，刘振金认为深圳到处都是歌舞升平，大家都在外企打工，发展还行，生活过得去，回到老家也挺体面。但是，等他真正拍下来，他才发现，生活圈子早已扩大，眼中的深圳更丰富了，生活也在眼前流动了起来。

附二 网友留言

王明慧：《人在深圳》是一本关于“深圳人”的书，我很感谢遇到它。因为看它让我很感动，这就是一种人与城市建立感情的方式吧！

陈聪：《人在深圳》给我印象很深，越努力越幸福，我坚信，付出得足够多了，肯定会有回报，在这里谢谢一直帮助支持我的人。

正人君子：也不知道有多少人会在这本书表白，我就是其中一个。I Love you, My queen.

百变女郎：不变先生：生命是一场不可逆转的旅行，但我依然相信你会康复，并且一如既往地制造阿雷牌快乐，要知道还有人一直在等你！

大麦茶的味道：从1991年到2013年，我的青春和梦想都在深圳。现身居海外，深圳永远有我魂牵梦萦的美好。

让这个糟糕的世界更加糟糕：明年就要走一条新的道路，希望自己少一些抱怨，少一些懒惰，多看书，多跟乐观的人接触，要积极！

90后一枚曾宇聪：2011年来到深圳念大学，毕业后又在这里工作、结婚。深圳给了我太多，我觉得我很幸运，很珍惜并且更加努力！

刘仁信：透过人在深圳的人文镜头，才发现我竟然如此地贴近深圳，感恩当下！也感谢这个伟大的时代！

写给小葡萄：好的爱情，总让人成长又让人快乐，和你在一起，便是这样。希望这会是，一个，决定性的，动作，或者话语。

FromCUOBIEZI：To 7都说分开需要仪式感，也许哪一天我会去你的城市，在那时候能够真正地放下了吧？

韩永健：2016年感想：向内修为，向外贡献，穿越时间的厚度不断学习、精进。

水：彭远，生日快乐！

住在重庆大厦：《重庆森林》就是我眼中的世界，关于孤独、关于彷徨、关于执着、关于希望，每句对白、每个镜头都那么恰到好处，感谢生命中遇到这部电影。

枫雪浅语：参加工作两年，想要有好的发展，目前感悟是30%努力，70%机遇。

胡宁：踏入大学，一下子失去约束和目标，想着放松一下，却再也提不起劲，浑浑噩噩度过两年多，也渐渐感受到就业压力，而惶惶不可终日。

链家黄震宇：共勉，士不可以不弘毅，任重而道远。

大王你没化妆：祝好！

王汇昕：我在武汉，遇见一个深圳的小天使。因为无法接近神，就去靠近最像神的那个，然而永远无法握住一丝一毫。从此爱屋及乌。

GrooveWind：时间的长廊上布满脚印，我在脚印里看着自己。

黄燕珊：小华，阿婵，丽莉，婷婷。我的朋友，好久不见。时常想起读书时的日子。希望你们如今过得都好。

@tiecc：小辛辛，这是你要去的城市，希望你在那里找到安稳。

木木：刚刚挣脱了一段充满负能量的关系，又回到孤单的一个人。但无论人生多难，我都继续相信爱情。

wings：Annie:不知道还能不能遇见你。这么多年，一直都很喜欢你。愿过得开心。

王叶琦：一个人最终还是只能选择一种生活，拼命避免犯错，本身也是一个错误。爱自己，才能更好的爱别人、爱生活。

海旺科技/黄红杰：来深圳8年，创业3年，有欢笑也有泪水，关关难过关关过，感谢家人，感谢遇到的每一位贵人！

Wend&Ling：人在深圳，家在深圳

大湿五号：我心有猛虎，忘却嗅蔷薇；欲往云霄上，展翅怯悬归；今日留此志，不畏纵高飞。

张春苗：幸福就是能吃一锅饭，有聊不完的天！

威&琳：王予安，这本书叙写着深圳人的点滴，你在这里出生，爸妈在此给你留下一份礼物，希望你能拥有平安快乐的人生，我们爱你。

冯育智和熊梓茜：奋斗的决心是支点，充满活力的深圳是杠杆，对热爱的事业和人的责任是驱动力，让我们把人生推到新的高度。

Shilks：奋斗生活里的我才是真正的自己。观察不停，经历不断，学习不止。

R：Captain! My Captain! Our trip is just beginning.The ship has to weather every rack, the prize is ahead of us.

Liry：M总是说喜欢听人家讲故事。我呢，每次了解另一个人的困扰和心愿后，感觉像在黑夜湖水中孤独疾行的小舟上，看见不远处另一叶舟飘摇的灯光。

hxx：长河通天，有多久不曾抓起泥土给爷爷。

李王木木：要怎样的开场白，才能像老朋友平常间的寒暄。如果趁着时光还没有改变我，趁着岁月还没有冲走你，我想重新认识你。

石块：一直以来都对新鲜事物感兴趣：qq交易，足彩，德州，比特币。介入很早但没有收益，反而耽误了太多时间和精力。为勉！

7月18 南师随园：宝，下午去游泳，你在干嘛？

王三：廿

*谢谢网友的参与和支持。

出 品 人：胡洪侠
责任编辑：彭春红　岳鸿雁
版式设计：刘胜楠
封面设计：友间文化

图书在版编目（CIP）数据

人在深圳. ❷ /刘振金，刘振全著. --深圳：深圳报业集团出版社，2017.5
ISBN 978-7-80709-789-1

Ⅰ. ①人… Ⅱ. ①刘… Ⅲ. ①人物－生平事迹－深圳－现代 Ⅳ. ①K820.865.3
中国版本图书馆CIP数据核字(2017)第048095号

深圳市文化创意产业发展专项基金资助项目

人在深圳 ❷
Ren Zai Shenzhen
刘振金/刘振全 著

深圳报业集团出版社出版发行
（518031 深圳市福田区商报路2号 ）
深圳市国际彩印有限公司印制　　新华书店经销
2017年5月第1版
2017年5月第1次印刷
开本：787mm×1092mm　1/16
字数：510千字　印张：18.5
ISBN　978-7-80709-789-1　　定价：58.00元